EXPOSITION UNIVERSELLE DE 1855.

EXTRAIT
DES
RAPPORTS DU JURY
DE LA XXVIE CLASSE.

CALLIGRAPHIE, GRAVURE, CARTES A JOUER,
RELIURE ET REGISTRES,
RAPPORTEUR, M. R. MERLIN;

GRAVURE DES CYLINDRES POUR IMPRESSION
SUR ÉTOFFES,
RAPPORTEUR, M. BARBET
(DE ROUEN).

PARIS.
IMPRIMERIE IMPÉRIALE.

M DCCC LVI.

EXPOSITION UNIVERSELLE DE 1855.

EXTRAIT

DES

RAPPORTS DU JURY

DE LA XXVIe CLASSE.

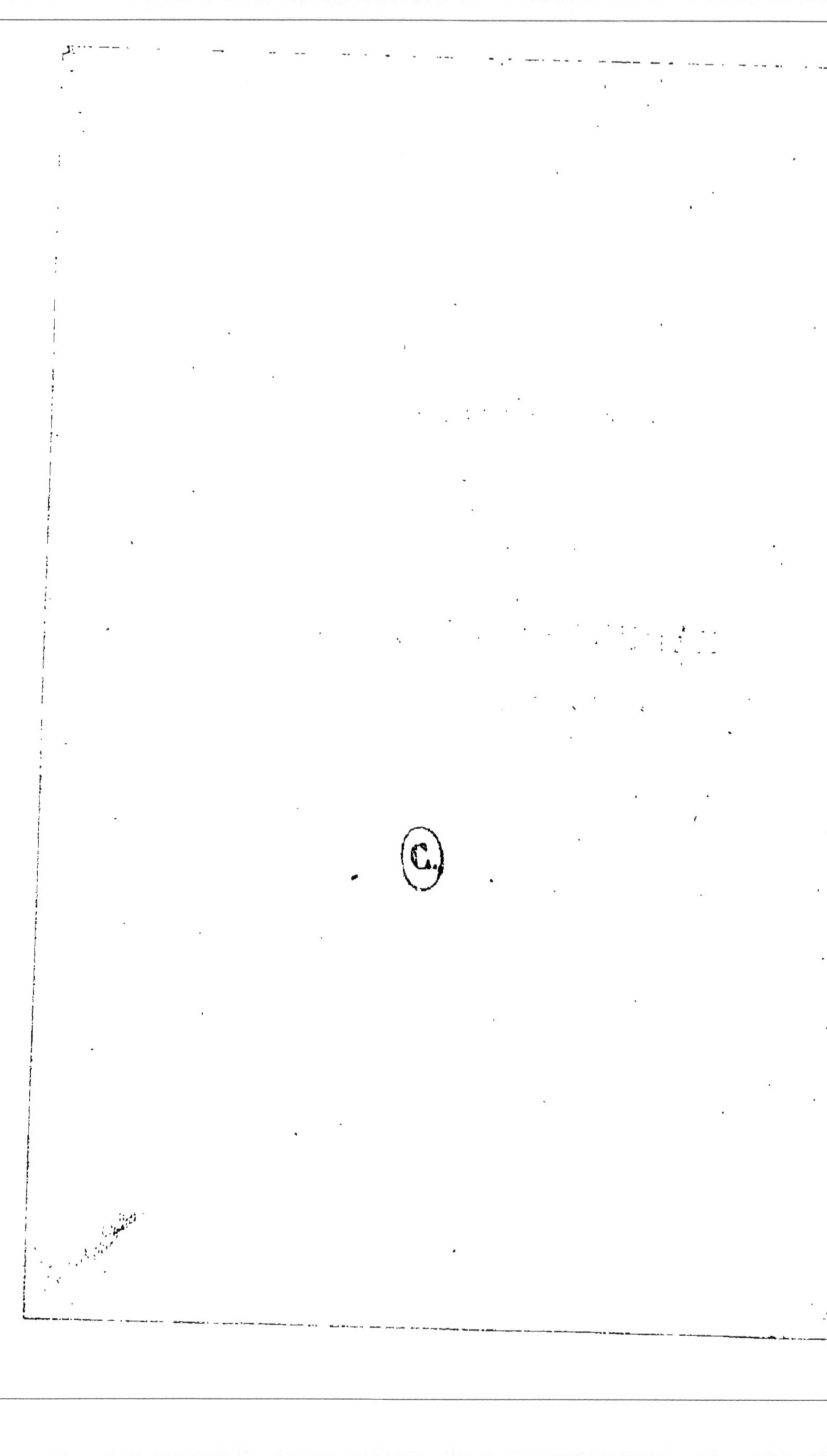

EXPOSITION UNIVERSELLE DE 1855.

EXTRAIT

DES

RAPPORTS DU JURY

DE LA XXVIE CLASSE.

CALLIGRAPHIE, GRAVURE, CARTES A JOUER,
RELIURE ET REGISTRES.

RAPPORTEUR, M. R. MERLIN.

GRAVURE DES CYLINDRES POUR IMPRESSION
SUR ÉTOFFES.

RAPPORTEUR, M. BARBET
(DE ROUEN).

PARIS.

IMPRIMERIE IMPÉRIALE.

M DCCC LVI.

EXTRAIT

DES RAPPORTS DU JURY

DE LA XXVIe CLASSE.

CALLIGRAPHIE.

CONSIDÉRATIONS GÉNÉRALES.

Si, dans l'usage ordinaire de la vie, l'écriture n'a d'autre objet que de transmettre la pensée ou d'en conserver le souvenir, il est des circonstances où elle a besoin de se présenter avec plus d'apparat et de déployer même une certaine richesse d'ornementation, témoignage de respect pour le texte qu'elle transcrit ou pour la personne à qui elle s'adresse.

C'est alors qu'elle reçoit le nom de *calligraphie*, et qu'elle devient un art prenant place souvent à côté du dessin et de la peinture.

Tous les peuples ont eu leur calligraphie, mais c'est surtout dans la transcription de leurs livres sacrés qu'ils se sont plu à déployer tout l'art de la belle écriture et tout le luxe des ornements. Comparez l'écriture courante des écrivains du moyen âge avec les copies de la Bible ou des livres religieux ; mettez en regard l'indéchiffrable grimoire des scribes arabes avec les manuscrits du Coran, et vous reconnaîtrez à l'élégance des caractères et à la richesse des ornements, que c'est au sentiment religieux et au respect que sont dus les premiers chefs-d'œuvre de la calligraphie en Europe comme dans l'Orient.

Les monuments calligraphiques de l'antiquité que le temps a épargnés sont également empreints du sentiment de respect, soit pour la divinité, soit pour les morts, soit pour les souverains ou les grands hommes. Ce sont en général des inscriptions religieuses, tumulaires ou triomphales. Les caractères tracés sur les vases étrusques ont également rapport presque partout à la mythologie ou à l'histoire héroïque.

Sans prétendre tracer ici l'histoire de l'écriture, nous ne pouvons nous dispenser de rappeler que, dans l'enfance des sociétés, elle ne fut d'abord qu'un dessin ou une peinture imparfaite des objets ou des actions dont il s'agissait de conserver la mémoire ; c'est ce qu'on peut reconnaître dans les peintures dont se composent les livres des anciens Mexicains ; c'est ce qu'on peut remarquer aussi dans la forme des caractères chinois qui ne sont en effet que le dessin linéaire d'objets matériels reconnaissables encore malgré leur déformation. Ailleurs, comme chez les Égyptiens, le symbole remplaça la peinture directe de l'objet ; plus tard, les sons de la parole furent mnémonisés par la représentation de choses dont les noms reproduisaient les sons qu'on voulait rappeler ; et ce ne fut qu'à une époque plus avancée de la civilisation, qu'on eut l'heureuse pensée de rattacher à des figures de convention, telles que les syllabes et les lettres, le souvenir des sons et des articulations de la parole.

C'est donc en réalité au dessin et à la peinture que

l'écriture doit sa naissance, comme, de leur côté, le dessin et la peinture sont dus au besoin de conserver le souvenir des faits ou de transmettre des sentiments ou des pensées.

A quelques exceptions près, les écritures des peuples civilisés sont ou syllabiques ou alphabétiques. Toutes les écritures syllabiques ou alphabétiques connues aujourd'hui peuvent se classer en trois branches distinctes, différant entre elles comme les mœurs et le génie des peuples qui en font usage : 1° les unes se tracent de gauche à droite, ce sont celles de l'Europe occidentale ; 2° les autres marchent de droite à gauche comme l'écriture des Hébreux, des Arabes et des différents peuples de la race sémitique ; 3° les troisièmes se lisent de haut en bas, ainsi que nous le voyons chez les Chinois, les Japonais, les Mandchous, les Tibétains, etc.

L'Exposition universelle a offert de beaux spécimens de ces divers systèmes ; mais c'est naturellement la calligraphie européenne qui s'y est trouvée la plus richement représentée. Elle a mis sous les yeux du Jury de belles imitations d'écritures anciennes et quelques exemples modernes. Malheureusement, nous avons été obligés de constater, non sans regret, que, sous l'influence des méthodes dites anglaises ou américaines, l'écriture de tous les peuples s'est uniformisée, et aujourd'hui les nationalités de la plume s'effacent chaque jour, comme tendent à s'effacer partout les nationalités si pittoresques du costume. Bientôt, si le bon goût ne s'y oppose, les formes pleines et sévères de nos belles écritures de bureau, dont le XVIIe siècle nous a légué de si admirables pages, seront remplacées par la maigreur phthisique et la monotonie de l'anglaise.

Toutes nos écritures européennes dérivent de celles

des Romains, qui avaient reçu eux-mêmes leurs lettres des Grecs, lorsque ceux-ci étaient déjà arrivés à un haut degré de civilisation. Il ne nous est parvenu aucun vestige de l'écriture cursive des Romains, antérieurement à la chute de la République; mais la pierre et l'airain, la brique et l'argile, nous ont conservé sur les monuments, sur les médailles, sur les armes et sur divers ustensiles de la vie privée, la forme des lettres tracées à main posée. Ce n'est guère que du IIIe ou du IVe siècle de l'ère chrétienne, que le temps a épargné quelques livres manuscrits et quelques rescrits impériaux, qui nous permettent de juger de l'écriture latine; on y reconnaît que les Romains avaient quatre sortes d'écritures : celle des monuments, celle des livres, celle des actes émanés de l'autorité et celle de la vie privée. Les caractères qu'on trouve sur les monuments sont généralement des capitales; les livres étaient écrits soit en lettres capitales, soit en lettres onciales, qui ne différaient, en réalité, des premières que par des formes plus arrondies et par de légers changements destinés à en rendre le tracé plus facile et moins lent. Dans les rescrits et autres actes publics, les caractères étaient tellement liés et entrelacés, ils présentaient des formes si différentes de celles des lettres employées dans les livres, qu'ils semblent, au premier coup d'œil, ne point appartenir à l'alphabet latin. Pour l'écriture de la vie privée, nous manquons de monuments, mais il est vraisemblable qu'elle était celle des livres, sauf les altérations que pouvait y produire la rapidité et l'inapplication habituelles dans les écritures cursives. Cette opinion semble d'autant plus probable, que Quintilien conseille, pour l'enseignement de l'écriture aux enfants, l'usage de tablettes de cuivre où des lettres modèles étaient gravées en creux, pour que la main des élèves, en suivant, avec la pointe du style, les contours de ces lettres, prît l'habitude de bien former les caractères.

La forme des capitales et des onciales, telle qu'elle était au IVᵉ siècle, époque des plus anciens manuscrits latins qui soient parvenus jusqu'à nous, se maintint assez pure jusqu'au VIIᵉ; c'est d'elle que dériva la minuscule latine. Quant aux diplômes, ils avaient fini par devenir tellement indéchiffrables, que Charlemagne crut devoir ordonner, pour toutes les écritures, le retour aux formes pures des types romains. C'est cette réforme qui donna lieu à l'écriture désignée en diplomatique sous le nom de *caroline.*

Nous ne suivrons pas la forme des lettres latines dans les altérations successives, introduites par le goût des différents peuples qui ont adopté cet alphabet depuis le démembrement de l'empire romain; aucune imitation n'ayant représenté à l'Exposition les écritures mérovingiennes, anglo-saxonnes, lombardes, carolines et capétiennes, dont les noms rappellent les époques où elles furent en usage, nous ne nous y arrêterons pas, mais nous donnerons un moment d'attention aux écritures improprement nommées gothiques, dont la mode semble reprendre aujourd'hui avec le goût du moyen âge.

Lorsque, au milieu du XVᵉ siècle, parurent les premières productions de l'admirable invention de Gutenberg, toute l'Europe occidentale faisait usage, déjà depuis longtemps, pour les monuments et pour les livres, de cette forme de lettres allongées, dont les jambages, terminés à leurs extrémités par des brisures angulaires, ne se liaient entre eux que par les pointes de ces angles. Cette écriture, qui, bien exécutée, ne manque pas de grâce, n'était pas née tout d'un coup; ses caractères distinctifs, la brisure et les angles, avaient des précédents, et l'écriture lombarde brisée du Xᵉ siècle en offrait des exemples. La gothique, en les adoptant, en avait régularisé les formes et les proportions. C'était surtout en

Allemagne et dans le nord de l'Europe que la longueur des jambages et la forme anguleuse des brisures étaient plus exagérées, comme on le voit par les inscriptions tombales et par les impressions de Gutenberg, qui furent la copie fidèle des manuscrits que cet inventeur voulait reproduire[1].

Mais, dans le Midi, les caractères étaient moins longs, plus carrés et les angles plus adoucis[2]. Une troisième gothique, principalement usitée en France, était issue de cette deuxième; moins large qu'elle, mais moins aiguë et moins longue que la première, elle n'avait pas la lettre a à double panse que nous avons adoptée; cette lettre y avait à peu près la forme de notre *a* italique; le *f* et le *s* descendaient au-dessous de la ligne, et l'ensemble de l'écriture se rapprochait beaucoup de l'ancienne minuscule romaine[3]. Les jolies Heures du XVIe siècle, écrites en Italie et en France, sont généralement de ce caractère.

Il importe donc aux calligraphes qui veulent employer dans leurs ouvrages les écritures gothiques de se bien rendre compte de ces différences, pour ne pas commettre de ces mélanges monstrueux dont les imitateurs vulgaires des anciennes écritures ne se rendent que trop souvent coupables, et qui n'offensent pas moins le bon sens que le bon goût[4].

[1] C'est à cette gothique que les fondeurs ont donné le nom de *lettre de forme.*

[2] Palatino et Tagliente nomment ce caractère *lettera formata.* (Libro di M. G.-B. Palatino cittadino Romano, nel qual s'insegna a scrivere ogni sorte lettera antica e moderna di qualunque natione (1545), petit in-4°.)

[3] En bouclant le haut des lettres *b* et *l*, cette troisième sorte de gothique a donné naissance au caractère dont Vérard avait de si beaux types et qu'on trouve dans Fournier, sous le nom de *bâtarde ancienne,* et dans Palatino, sous celui de *lettera francese.*

[4] La connaissance de la chronologie et de la géographie des écritures n'est pas moins utile aux graveurs de lettres pour la taille-douce et aux graveurs pour la typographie, qu'aux calligraphes eux-mêmes. Le mélange de lettres d'époques, de pays, ou de na-

Les trois espèces de gothique dont nous venons de parler n'étaient que des écritures à main posée, des caractères pour les monuments ou les livres, mais la cursive, qui a besoin de rapidité, ne leur ressemblait en nulle façon. En France, c'était une écriture vermiculaire, une espèce de réseau de ligatures, rendues encore plus difficiles à déchiffrer par des abréviations fréquentes et souvent arbitraires. On peut en avoir quelque idée par les anciens caractères dits *de civilité*, ainsi que par la cursive actuelle des Allemands. La ronde du XVIIe siècle, qui en dérive, présentait encore dans ses ligatures de nombreuses traces de son origine.

A la même époque, l'Italie, qui s'était préservée des brisures anguleuses de la gothique septentrionale, avait plusieurs cursives d'un tout autre goût que les nôtres, et qu'on peut distinguer en deux classes principales : les écritures de chancellerie et les écritures de commerce. Les premières, penchées vers la droite, avaient des formes assez allongées, les liaisons généralement un peu aiguës, et les queues supérieures ou hastes des lettres *b*, *d*, *f*, *h*, *l*, très-longues et courbées vers le haut comme une palme, avec un renflement qui les terminait. Quant aux écritures de commerce (*lettera merchantile*), le principe en était tout contraire. Les lettres en étaient aussi larges que longues, les formes arrondies, les hastes courtes et bouclées, et le corps de l'écriture vertical et sans pente, à peu près comme notre ronde d'aujourd'hui. Ces dispositions les rendaient plus rapides à tracer. Palatino donne un assez grand nombre de spécimens de ces écritures commer-

tures différentes est une faute contre laquelle ils ne sauraient trop se tenir en garde, et l'on a peine à comprendre comment on a pu, il y a quelques années, tenter d'introduire dans le bas de casse romain la lettre *g* du caractère d'écriture.

ciales, la *romaine*, la *milanaise*, la *vénitienne*, la *florentine*, la *siennoise*, la *génoise*, la *bergamasque* et l'*antique*; mais les différences entre elles sont légères; le caractère distinctif en est toujours l'absence de pente, la rondeur des formes et la liaison par des boucles [1].

Les formes des écritures de chancellerie se réduisent à quatre principales, la *chancelleresque commune*, l'*écriture des brefs* (lettera di brevi), la *chancelleresque bâtarde* et la *chancelleresque de forme* (cancellaresca formata). La chancelleresque commune est celle dont nous avons décrit plus haut les caractères distinctifs; l'écriture des brefs n'en différait guère que par moins de longueur dans les hastes; elle était aussi moins anguleuse; la chancelleresque bâtarde avait les hastes courtes comme l'écriture des brefs, mais sans courbure supérieure, et le renflement arrondi du haut des hastes était remplacé par un léger trait initial à gauche; enfin la *cancellaresca formata* ressemblait à la *cancellaresca bastarda*, mais le haut des hastes n'avait pas de trait, les pleins commençaient à plume pleine et les liaisons étaient très-arrondies.

La beauté de ces diverses écritures, que l'absence presque totale de ligatures abréviatives, ainsi que la forme très-distincte des lettres, rendaient faciles à lire, les fit bientôt adopter par toutes les nations, qui, après la chute du gothique, revinrent à l'alphabet latin; mais chaque pays les accommoda à son goût. Ce furent d'abord les Français et les Espagnols qui les imitèrent et les Anglais n'y revinrent que très-longtemps

[1] L'ouvrage de Hamon, publié avant 1560, donne 8 écritures françaises et 9 italiennes; celui de Jacques de La Rue (Paris, Rob. Estienne, 1567), 16 françaises et 15 italiennes. L'*italique* de J. de La Rue est à peu de chose près notre *bâtarde*.

Nous devons la communication de ces deux ouvrages, aussi curieux que rares, à l'obligeance de M. Poujade, habile calligraphe, auteur d'une histoire intéressante de la calligraphie, encore inédite, qu'il a bien voulu mettre également à notre disposition.

après. Quant aux Allemands, ils restèrent, pour les livres, fidèles aux formes gothiques en les modifiant aussi à leur fantaisie, et ils firent adopter ce gothique nouveau aux Danois, aux Suédois, aux Bohêmes et à quelques autres peuples, leurs voisins. Pour leur cursive, ils ont continué jusqu'à ce jour à se servir de l'écriture courte et bizarre qui ressemble à notre caractère de civilité.

C'est la *cancellaresca bastarda* qu'Alde Manuce semble avoir prise comme modèle pour sa jolie italique gravée par François de Bologne et qui fit sa première apparition dans le monde typographique par le Virgile in-8° de 1501. La chancelleresque de forme (*cancellaresca formata*) est évidemment l'écriture que les Français ont imitée pour créer cette belle bâtarde du XVIIe siècle, devenue, bientôt, notre deuxième écriture nationale, et que le célèbre Barbedor, dans les beaux modèles qu'il en donne, nomme *italienne bâtarde.*

Nous devons donc à l'Italie notre bâtarde, qui du reste ne paraît point avoir figuré parmi les écritures françaises avant le XVIIe siècle, car Le Gangneur ne la mentionne pas dans son Traité de l'écriture française (*Technographie*, 1599), et l'exemple qu'il en donne se trouve à la page 28 de ses Éléments de l'écriture italienne (*Rizographie*, 1599). Selon lui, les Italiens appelaient cette lettre *formata*, et il ajoute : *On s'en sert fort rarement si ce n'est à écrire livres.* Avant lui Palatino avait dit : *Questa lettera tondetta non serve se non per scrivere qualche librettino.*

La calligraphie française ne fut pas cependant complétement soustraite au joug gothique; l'écriture vermiculaire des siècles précédents avait servi surtout dans les actes publics, dans les contrats et dans les mémoires de justice. L'usage en resta encore dans tout le XVIIe siècle. Aussi, comme la lecture en était nécessaire à presque toutes les conditions de la société, l'enseignement de cette lecture entrait dans l'éducation des enfants, et, jusqu'au commencement du XIXe siècle, on la leur montrait en les faisant lire dans un volume intitulé *Civilité puérile et honnête*, dont la première édition, imprimée en 1556 avec ce même caractère d'écriture gravé par le célèbre Granjon, se réimprimait chaque année dans les mêmes types. Chacun apprenait ainsi, dès l'enfance, ses devoirs envers ses parents et envers la société, et en même temps la lecture d'un caractère difficile qu'il avait encore besoin de connaître.

Cette ancienne cursive fut l'origine d'une autre écriture nommée, au XVIIe siècle, *française* et *financière*, et que nous connaissons aujourd'hui sous le nom de *ronde*. La ronde a pris de la cursive gothique ses liaisons qu'elle a arrondies davantage, une partie de ses ligatures, sa direction verticale et la forme de presque toutes ses lettres. Les maîtres français, en lui donnant des pleins proportionnés et une largeur égale à sa hauteur, l'ont soumise à une régularité géométrique. Non moins belle que la bâtarde, bien que d'un aspect tout différent, cette écriture, véritablement nationale par son origine, est d'un brillant effet, surtout dans la composition d'un titre. Elle fut fixée, dans ses proportions et dans ses formes, par arrêt du parlement en date du 26 février 1633, d'après les modèles écrits par Barbedor, comme la bâtarde le fut également, par le même arrêt, sur les modèles tracés par Le Bé.

Si la bâtarde française est née de l'écriture italienne, l'anglaise d'aujourd'hui en descend également. Ce fut, dans l'origine, notre bâtarde écrite avec une plume très-fine et très-fendue qui donnait à la main le moyen d'obtenir, par une simple pression, sans mouvement des doigts, des déliés très-délicats et des pleins très-nourris, d'où résultait une vive opposition, semblable à celle qui, dans le domaine de la gravure, a fait la vogue des vignettes anglaises. Brillante quand elle est posément tracée par une main habile, l'anglaise devient maigre et disgracieuse lorsque la plume court rapidement sur le papier; sa pente et ses liaisons lui permettent, il est vrai, une exécution rapide, mais elles lui donnent aussi une extrême facilité à se déformer. Un mal plus grand encore résulte de l'écriture anglaise, c'est l'oubli des vrais principes de l'art. Dans toutes les anciennes écritures les pleins et les déliés s'obtenaient par le mouvement raisonné de la plume descendant sur son plein, remontant sur ses angles, et obéissant, dans toutes ses évolutions, à l'impulsion du pouce et des doigts; dans l'anglaise, au contraire, suivant Castairs et quelques autres maîtres, la plume reste immobile dans la main, le bras seul avance ou recule comme la bielle d'une machine, et on en est venu jusqu'à attacher les doigts de l'élève pour le forcer à n'agir que du bras. Qu'arrive-t-il de cette écriture mécanique? C'est que la main, lorsqu'elle court rapidement sur le papier, ne produit plus qu'une suite de traits sans forme, ressemblant à de mauvais exercices de jambages et de liaisons. De là cette monotonie et cette illisibilité désespérantes des écritures anglaises, quand elles sont tracées à la hâte par les gens du monde. C'est là évidemment la perte de l'art; mais c'est la fortune des charlatans qui prétendent changer les mauvaises écritures en peu de temps: et ils les changent, en effet, assez vite; toutefois, à moins d'une longue persévérance, l'élève, livré à lui-même, revient non moins vite à son ancienne écriture, comme un arc tendu revient à sa position primitive lorsque la corde est abandonnée.

La pente de l'anglaise et la finesse de ses déliés ont séduit les Allemands eux-mêmes; tout en conservant la forme primitive de leurs lettres cursives, ils leur donnent aujourd'hui une pente contraire à celle qu'elles avaient autrefois, et l'extrême ténuité des déliés ajoute encore à la difficulté de la lecture.

Il n'y a pas jusqu'à l'écriture nationale des Russes qui ne se soit laissé envahir par cette anglomanie. Verticale et carrée sous son réformateur Pierre-le-Grand, elle a, plus tard, adopté la pente et les angles arrondis de notre bâtarde, avec laquelle elle a, en effet, de grands rapports; et aujourd'hui elle perd son caractère grave et sa grâce sévère, en imitant la coquetterie des déliés de l'anglaise.

L'exagération dans la finesse des déliés a gagné aussi les caractères typographiques, au grand regret des vues faibles et au détriment des imprimeurs, dont les fontes seront plus rapidement hors de service. Cette affectation d'élégance a été portée à un tel excès, que les hommes de l'art eux-mêmes s'en sont alarmés. Depuis plusieurs années ils demandent le retour à des types plus graves et plus en harmonie avec le bon goût et avec la véritable destination des livres qui, avant tout, sont faits pour être lus et pour être lus sans fatigue. L'extrême blancheur des papiers n'est déjà que trop fatale à la vue; que sera-ce si la forme des lettres se ligue avec cet éclat nuisible, et ajoute ainsi à la fatigue de la lecture [1]?

[1] Nous laissons au rapport de la typographie le soin d'insister sur cet objet. Nous nous bornerons à citer ici les recommandations qu'on lit dans le rapport de l'exposition française de 1844.

« Il croit devoir recommander aux graveurs d'apporter la plus « grande attention pour donner aux pleins et aux déliés les propor- « tions convenables, selon la grosseur différente de l'œil des carac- « tères destinés à l'impression des textes.

« Depuis ces dernières années, la forme que les Anglais ont « donnée à leurs types paraît devoir s'introduire, mais ces formes « ne doivent point être copiées servilement. Le type de Garamond, « qui a servi aux éditions des Estienne et des Elzevirs, doit être « étudié avec soin par nos graveurs; ce type, légèrement modifié « et rapproché des formes plus élégantes données par les Didot et « les Bodoni, conviendrait le mieux aux besoins incessants de la « lecture, qui, par cela même qu'ils s'accroissent de jour en jour,

Tous les perfectionnements, changements ou altérations de l'écriture, depuis le XVe siècle, ne sont pas dus à la main seule des calligraphes. Trois inventions célèbres, qui datent de ce même siècle, y ont également une grande part; ce sont la gravure en bois, l'impression en taille-douce et la typographie. En multipliant les bons modèles et les répandant partout, la gravure en bois d'abord, et la taille-douce plus tard, ont donné le goût et facilité l'étude des belles écritures. Quant à l'imprimerie, fille de la calligraphie, qui lui prêta d'abord ses plus belles formes, elle ne tarda pas à payer envers sa mère la dette de la reconnaissance en contribuant à ses progrès ultérieurs, et, si la calligraphie moderne aime à inscrire, à côté des noms de ses grands maîtres, ceux des graveurs dont l'échoppe ou le burin ont reproduit, sur le bois ou le cuivre, les beaux modèles de ses plus habiles mains, elle ne pourrait sans ingratitude méconnaître ce qu'elle doit aux artistes qui perfectionnèrent les types d'imprimerie, depuis Gutenberg jusqu'à nos jours. Ce n'est pas seulement, en effet, par les beaux caractères d'écriture que gravèrent successivement Granjon, Senault, Moreau, Le Bé, Fournier et MM. Didot, que la typographie a bien mérité de la calligraphie, c'est surtout en la dégageant du mauvais goût gothique et des ornements superflus qui la défiguraient, et dont les procédés de la fonderie n'admettaient pas, du reste, l'exécution. Reconnaissons aussi que ces obligations furent réciproques, car souvent les meilleurs graveurs de poinçons furent eux-mêmes d'habiles écrivains, à commencer par Schœffer, qui exerçait à Paris, en 1449, l'art de la calligraphie.

« exigent qu'on vienne de plus en plus au secours de la vue. Il faut « maintenant que l'élégance fasse des concessions à l'utilité. » (Rapport du Jury central de l'Exposition de 1844, tome III, page 249. Rapporteur M. Ambr.-F. Didot.)

Nous oublierions une branche importante de cet art, si nous omettions de parler de l'ornementation des livres par la plume ou le pinceau. Avant l'imprimerie, les écrivains décoraient leurs ouvrages avec des lettres majuscules diversement ornées, avec de riches bordures, des encadrements variés, et enfin avec de véritables tableaux. C'est à l'époque de Charlemagne, et plus tard, à partir du XIIIe siècle, que les manuscrits brillent de cette richesse de décoration, et l'époque de la Renaissance a produit en ce genre des chefs-d'œuvre de peinture; les heures manuscrites que les XVe et XVIe siècles nous ont transmises sont souvent de petites galeries de tableaux, de délicieux musées de poche qui prouvent que des artistes véritables ne dédaignaient pas de s'associer aux travaux des calligraphes.

Comme l'écriture elle-même, l'ornementation calligraphique a eu ses phases diverses; le style et l'exécution plus ou moins parfaite en indiquent assez distinctement les époques; aussi l'on ne saurait trop recommander aux imitateurs des manuscrits anciens d'être sévères dans le choix des ornements, et de ne pas marier dans leurs travaux une écriture et un dessin d'âges tout à fait incompatibles.

L'ornementation des manuscrits nous amène naturellement aux beaux spécimens de livres orientaux que la Compagnie des Indes avait dans ses vitrines. On y remarquait un manuscrit in-folio, écrit en 1546, et décoré de nombreuses figures d'histoire naturelle; un Coran, format petit in-8°, jolie écriture neskhy, avec notes marginales persanes en taaliq; de beaux manuscrits siamois et birmans, sur feuilles de palmier vernies, à fond d'or; d'élégants exemples d'écritures arabes et persanes, enfin des livres tibétains, ceux-ci imprimés sur papier par le moyen de la gravure en bois, selon la méthode chinoise.

La Compagnie des Indes ayant reçu une grande médaille d'honneur pour l'ensemble de son exposition, le Jury de la XXVIe classe a dû se borner à citer ici ce qui rentrait dans sa spécialité.

RÉCOMPENSES.

Médailles de 1re classe.

M. Harris (n° 1958), à Londres (Royaume-Uni). — Le Jury a remarqué l'admirable fidélité avec laquelle M. Harris, de Londres, imite, au moyen de la plume ou du pinceau, les écritures et les impressions anciennes. Dans le tableau qu'il a exposé, les textes, les ornements, les vignettes, sont fac-similés avec une telle perfection, qu'à la première inspection l'œil le plus exercé n'aurait pas hésité à voir dans le cadre de M. Harris une réunion de feuillets détachés de livres et de manuscrits.

M. Laroue (n° 8999), à Paris (France). — M. Laroue, calligraphe de la préfecture de la Seine, a mis sous les yeux du public une copie de l'adresse écrite par lui et remise au lord maire de Londres, en 1851 par M. le préfet de la Seine. Dans cette copie le Jury a reconnu une grande puissance d'imitation, une remarquable sûreté de main et toutes les autres qualités qui constituent le véritable calligraphe. Mais, en rendant toute justice à M. Laroue, on a dû regretter que cet artiste ait choisi une gothique allongée qui sent plutôt l'époque allemande que l'époque française. Du reste, la gothique pure, ayant été, au xve siècle, consacrée plus généralement à la transcription des livres latins qu'à celle des compositions françaises, aurait été peut-être, pour cette adresse, heureusement remplacée par la gothique moins anguleuse que Palatino nomme *lettera francese* et que Vérard employait pour ses belles éditions de romans de chevalerie. Peut-être même notre langue française d'aujourd'hui s'accorderait-elle mieux encore avec une belle bâtarde ou au moins avec cette jolie écriture latine que dessinait avec tant de perfection, au XVIIe siècle, l'habile et célèbre Jarry, et que M. Laroue imiterait sans aucun doute avec non moins de bonheur.

Toutefois, cette observation s'applique seulement à l'adresse de 1851; car, pour celle d'avril 1855, M. Laroue semble avoir prévu de lui-même nos objections; elle est écrite en belle ronde française. Il ne reste plus à ce calligraphe qu'à montrer dans une bâtarde sévère que sa plume sait vaincre toutes les difficultés de l'art.

Les ornements du tableau de M. Laroue sont d'un goût pur, d'un dessin correct et d'un bel effet.

M. BERLINER (n° 9352), à Paris (France). — M. le professeur Berliner a exposé un ensemble de travaux nombreux, dont l'utilité pour l'enseignement ne saurait être contestée. A une époque où les véritables principes de l'art sont menacés par l'invasion des méthodes dites *abréviatives*, et qui ne peuvent aboutir qu'à la décadence complète de l'écriture française, nous devons de la reconnaissance à ceux qui, luttant avec courage contre ce romantisme trompeur, consacrent leurs efforts à faire revivre les grandes écoles des Barbedor, des Petré, des Allais, des Senault, des Sauvage, des Rossignol, et de tant de maîtres célèbres qui ont brillé jusqu'à la fin du siècle dernier.

Médailles de 2e classe.

LES DAMES DE LA CONGRÉGATION DU SAINT COEUR DE MARIE, à Nancy (France), avaient dans leur vitrine un charmant manuscrit de l'Évangile de saint Marc, exécuté à l'imitation du XVIe siècle, avec ornements, encadrements, bordures et vignettes en or et en couleurs d'un excellent goût et d'une grande perfection. Le Jury félicite ces dames de l'usage qu'elles font de leurs loisirs; leur travail rappelle les saintes récréations des couvents des temps anciens, et l'exemple de sainte Mélanie la jeune, de sainte Césarie, et de cette pieuse abbesse que saint Boniface prie, dans une de ses lettres, de lui écrire, en lettres d'or les épîtres de saint Pierre.

M. Quertinier, à Paris (France). — M. Quertinier a exposé un très-beau tableau calligraphique où il avait réuni et groupé avec goût des modèles de diverses sortes d'écritures et d'ornements dont la perfection révèle une plume exercée, une main sûre, et le sentiment des véritables principes de l'art.

M. Gontzwiller (n° 8988), à Mulhouse (France). — M. Gontzwiller a envoyé un joli manuscrit de l'*Imitation de Jésus-Christ*, en français, copié en caractères gothiques, avec des miniatures. Malheureusement cet artiste n'avait pas eu le temps de l'achever comme il l'avait commencé. Le Jury, tout en constatant le talent de M. Gontzwiller, ne peut s'empêcher de remarquer encore ici que l'écriture gothique ne convient pas plus au français moderne que les caractères brillants de la typographie d'aujourd'hui ne conviennent à la reproduction des textes français du xve siècle.

Mlle Émilie Sivel, à Saint-Dié (France). — Le Jury regrette que l'espace qui lui est réservé dans le rapport général de l'Exposition ne lui permette pas de donner des appréciations détaillées de toutes les œuvres calligraphiques qu'il a récompensées; il se reprocherait toutefois de ne pas appeler l'attention de la Commission impériale sur Mlle Sivel, auteur d'un grand tableau d'un mètre de largeur, contenant la prière *Gloria in excelsis*, caractère gothique très-gros, d'un bon dessin et d'une exécution large et ferme; les capitales peintes, les entourages et les ornements en or et en couleurs décèlent un goût pur, et sont parfaitement dans le caractère du sujet et de l'époque des lettres employées.

Mais c'est moins encore ce travail, malgré sa perfection remarquable, du reste, que la position et la conduite de Mlle Sivel, qui ont fixé d'une manière spéciale sur cette demoiselle l'intérêt du Jury. Mlle Sivel est une simple ouvrière en linge, qui, par son travail, soutient sa mère et sa famille, et qui employe ses loisirs à des ouvrages calligraphiques. C'est chez elle un goût d'artiste plutôt qu'une spéculation, et le Jury serait heureux si la Commission impériale pouvait ajouter à la médaille décernée à Mlle Sivel une récompense de nature à lui venir en aide dans ses devoirs de famille.

M. Tardat, à Angoulême (France), pour son album calligraphique.

M. Bresnier, à Alger. — Éléments de calligraphie orientale (arabe), format grand in-8°; les caractères et les ornements sont tracés avec une grande perfection et un goût non moins remarquable.

M. Limbery, à Alger. — Un manuscrit arabe in-folio, intitulé *la Couronne de fleurs :* belle calligraphie avec des ornements.

M. Perez Altamirano (n° 458), à Madrid (Espagne). — Traduction en vers espagnols des prières de la messe. Cette traduction est copiée par l'auteur en belle bâtarde espagnole, qui a conservé sa physionomie nationale. De jolis dessins accompagnent le texte.

M. Lachave (n° 927), à Saint-Cloud (France), auteur d'un procédé qu'il nomme *Diphtheraütographie*, au moyen duquel une écriture, tracée sur papier avec une encre de la composition de l'exposant, peut être reportée sur parchemin ou sur vélin, ainsi que l'expérience en a été faite sous les yeux de la classe.

Mentions honorables.

M. Sinet (n° 9026), à Paris (France), 1° pour un instrument régulateur de la main, au moyen duquel les vieillards affectés de tremblement peuvent écrire avec netteté. Le même instrument est destiné à donner à la main l'habitude d'une bonne position.

2° Pour des exemples gravés en creux sur métal à l'effet d'habituer la main des élèves à une bonne forme d'écriture, ceux-ci devant suivre avec leur plume le tracé de ces lettres creuses. C'est l'application de la méthode recommandée par Quintilien.

M. Fleury.—Litanies de la Vierge, une feuille grand in-folio, caractères gothiques avec ornements or et couleurs.

Si el Hadji Moustapha ben Abderrhaman, à Tlemcen (Algérie). — 1° Le Bostan ou jardin, histoire des marabouts de Tlemcen en arabe; belle copie (reliure du calligraphe lui-même).

2° Des chants religieux en l'honneur de quelques marabouts de Tlemcen, en arabe; écriture arabe du même Si el Hadji (reliure en velours par Mohammed ben Bouzigan).

Sidi Mohammed Ould ben Morabeth, à Tlemcen (Algérie). — Un poëme religieux en l'honneur des plus célèbres marabouts de Tlemcen, volume in-4°, écrit par l'auteur lui-même. (La reliure est de Si-Abd-el-Kader-ben-Ahmed.)

Le P. François Xavier (n° 194 b), capucin à Gênes (États-Sardes). — Un tableau trompe-l'œil exécuté avec une grande habileté de main.

M. Domazetowitsch, à Laybach (Autriche). — Un tableau trompe-l'œil dont plusieurs parties sont très-heureusement rendues.

Mme Élisabeth Contaxaki (n° 119), à Athènes (Grèce). — Un recueil de fleurs cueillies près des monuments les plus célèbres de la Grèce, et accompagnées d'un texte d'une très-belle écriture grecque (grand volume in-4°).

M. Manuel Bernes y Yrigoyen, à Montevideo (Uruguay). — Trois grands tableaux calligraphiques, dont une copie, haute de plus de 80 centimètres, de la

Descente de Croix de Rubens; travaux immenses, exécutés en grande partie en traits de plume et en passes, et qui ne témoignent pas moins de la patience de l'auteur que de l'habileté de sa main.

M. Calfa. Pour sa méthode d'écriture arménienne dont les lettres dessinées par lui ont été gravées par M. Giraud.

GRAVURE.

CONSIDÉRATIONS GÉNÉRALES.

Comme les arts industriels doivent à la mécanique et aux autres sciences positives l'essor qu'ils ont pris dans ce siècle, ainsi les industries de luxe ne peuvent aujourd'hui espérer de progrès sans le secours des arts du dessin. C'est qu'en effet, pour elles, la condition de succès n'est pas seulement dans la perfection de l'exécution matérielle, elle est aussi, et avant tout peut-être, dans le sentiment de l'art et dans la pureté du goût; c'est à ces éléments qu'est due en général la supériorité française pour les produits de luxe; c'est dans cette voie que l'industrie doit persévérer, et la perfection artistique est aujourd'hui, pour la France, le seul moyen de conserver son rang dans la lutte engagée désormais entre les talents de toutes les nations.

L'alliance des beaux-arts et de l'industrie est particulièrement sensible dans la IIIe section de la XXVIe classe, la gravure. Dans le concours de 1855, la gravure a figuré également aux deux expositions de l'avenue Montaigne et des Champs-Élysées, et bien qu'elle n'ait paru au palais des Champs-Élysées qu'en raison de ses applications à l'industrie, cette destination commerciale ne pouvait la dépouiller complétement de son caractère artistique. Aussi cet élément a-t-il dû entrer souvent en première ligne dans les appréciations du Jury. Nul doute que l'amélioration des procédés, l'accélération de l'exécution, la diminution de la dépense, ne soient pour le commerce des considérations importantes, mais seraient-ce là des perfectionnements, si, par leur influence, l'art était éloigné de sa destination?

Depuis la gravure modelée, comme les camées et les médailles, jusqu'à la gravure sur une surface plane ou cylindrique pour l'impression des estampes, des papiers peints et des étoffes, tous les genres de gravure sont aujourd'hui les auxiliaires de l'industrie; est-ce à dire qu'ils doivent descendre au rang des arts purement manuels? Non, sans doute, et, pour ne pas prétendre aux merveilles de la grande gravure historique ou de genre, la gravure industrielle n'en est pas moins, comme sa sœur, l'interprète de la nature, et la pureté du dessin comme la vérité des effets sont également pour elle des lois qu'il ne lui est pas permis de violer.

Personne n'ignore que la gravure en creux sur une surface plane était connue des anciens. Leurs inscriptions sont dues à ce procédé, et cette espèce de damasquinage dont on a quelques monuments, et que Pline et Festus attribuent à des ouvriers qu'ils nomment *crustarii*, n'était qu'une gravure en creux, dont les tailles se remplissaient d'or ou d'émail coloré. Quant au niellage qui y ressemble tant, si ce n'est pas le même travail, on en trouve déjà les opérations décrites dans l'ouvrage du moine Théophile, qui vivait au XIe siècle, et il est vraisemblable que les Russes, qui le pratiquent de temps immémorial, l'ont reçu des Grecs vers le IXe siècle, en même temps que la religion chrétienne.

La gravure en relief n'est pas moins ancienne; les impressions cunéiformes des briques et des cylindres babyloniens en terre cuite supposent des poinçons, et les monnaies antiques n'ont pu s'exécuter sans moules et sans coins.

Ce n'est donc pas la gravure, c'est l'impression sur le papier, qui est une invention moderne; c'est elle qui a donné à la gravure cette vie active et cette utile fécondité que celle-ci ne pouvait avoir chez les anciens, privés qu'ils étaient d'une matière propre à rendre, comme le papier de coton ou de chiffes, toute la délicatesse du burin ou de la pointe.

Cette impression est de deux sortes : le dessin est-il gravé en relief, c'est ce relief qui reçoit l'encre et l'applique sur le papier. Est-il gravé en creux, ce sont ces tailles creuses qui se remplissent de l'encre que le papier va y chercher sous l'effort de la presse.

Le premier procédé est celui qui reproduit la gravure en bois; pratiqué depuis le VIe siècle par les Chinois, il n'a été connu en Europe qu'au commencement du XVe [1]; le deuxième mode d'impression, ou l'impression en taille-douce, est postérieur de plus d'un quart de siècle. Un orfévre florentin, Tomaso Finiguerra, habile à graver les nielles [2], le trouva en

[1] Le premier monument européen de l'impression de la gravure sur bois dont la date soit certaine est le saint Christophe, daté de 1423.

[2] Les nielles étaient des gravures en creux dont les tailles se remplissaient d'un émail noir. Avant de placer l'émail (*nigello*), quelques-uns des orfévres qui les exécutaient se rendaient compte des effets en tirant en argile un cliché sur lequel les creux venaient en relief. Du soufre fondu, coulé sur cette argile, reproduisait les traits en creux, et une bouillie de noir de fumée placée dans les tailles permettait de juger de l'avancement et des défauts de la gravure. C'est en appliquant du papier sur un soufre ainsi encré que Finiguerra trouva l'impression, découverte qu'il ne tarda pas à compléter en se servant d'une encre grasse, et en tirant ses épreuves directement sur le métal gravé.

1452. Peut-être dut-il à l'impression de la gravure sur bois l'idée de multiplier des épreuves de ses planches au burin[1].

Depuis la double découverte de l'impression sur reliefs et de l'impression sur tailles creusées, la gravure a reçu de nombreuses applications, et les procédés pour l'obtenir se sont multipliés; leur nombre tend chaque jour à s'augmenter encore, aujourd'hui que la mécanique, la physique et la chimie lui prêtent le concours de leurs merveilleuses puissances.

Toutefois, ces genres sont distincts, et, bien qu'une main habile puisse souvent les marier heureusement pour obtenir des effets plus parfaits, ils donnent en général des résultats assez différents pour qu'il ne soit pas permis de les employer indistinctement pour tous les objets.

La gravure en relief, pour la reproduction des dessins, s'exécute sur le bois, sur le cuivre, sur le zinc et sur l'acier. Rivale aujourd'hui de la taille-douce par la perfection avec laquelle elle rend maintenant, dans les vignettes de petite dimension, les effets les plus brillants comme les tons les plus chauds, elle est devenue, par l'identité de ses procédés de tirage avec ceux de la typographie, une alliée précieuse de l'art de Gutenberg, qui lui doit déjà une vie nouvelle et des progrès inattendus[2].

Gravés en relief, à grands traits, le bois et le cuivre prêtent leurs dessins à l'impression des papiers de ten-

[1] L'Allemagne revendique la priorité pour l'impression en taille-douce, mais Martin Schœngauer n'a gravé que vers 1460, et la Paix niellée de laquelle l'orfèvre italien a tiré des épreuves est de 1452, comme le prouve le compte des administrateurs de l'église de Saint-Jean-Baptiste de Florence où cette Paix se voit encore.

[2] Cette alliance de la typographie et de cette gravure en relief a fait reporter celle-ci à la 7e section de la XXVIe classe.

ture[1] et à celle des étoffes[2]. Quant au relief obtenu sur la pierre, c'est à la lithographie[3] qu'il appartient.

Plus légère dans ses tailles délicates que la gravure en relief, plus puissante qu'elle dans les grands effets, la gravure en creux s'obtient par divers procédés : la *taille-douce*, l'*eau forte*, la *manière noire* et l'*aqua-tinte* sont les plus usités.

Ces divers modes de graver n'avaient point à être jugés par la XXVIe classe dans les grandes pages historiques, ou dans les compositions de genre qui les placent à côté de la peinture, dans le domaine des beaux-arts; mais ils devaient être considérés dans les services qu'ils rendent aux sciences et à l'industrie, ils devaient être étudiés sous le rapport de l'art d'en tirer des épreuves, et comparés avec les imitations que la mécanique et la chimie en produisent aujourd'hui.

Une explication succincte fera comprendre les difficultés que l'imprimeur en taille-douce doit vaincre pour transmettre aux épreuves les effets divers que le graveur a voulu produire.

La *taille-douce* s'exécute sur le cuivre nu[4], à l'aide du burin, instrument dont la pointe, pénétrant dans le cuivre, le sillonne en chassant devant elle le copeau qu'elle a enlevé. Habilement combinés, la finesse et la largeur des tailles, leur rapprochement et leur écartement, leur direction et leur croisement, produisent cette vivacité des lumières et des ombres, ce brillant des étoffes, cette transparence de l'air et des eaux, ce mouvement des feuillages, cette vie des chairs, ces jeux

[1] XXIVe classe.

[2] VIe groupe. — Pour l'impression des étoffes par les cylindres, ceux-ci sont gravés en creux. (Voir à la page 93.)

[3] XXVIe classe, 2e section.

[4] Tous les procédés qui se pratiquent sur le cuivre peuvent également s'employer sur l'acier, dont on fait usage lorsqu'on a besoin d'un tirage considérable.

de physionomie, enfin toute cette animation de la nature qui distinguent les œuvres des grands maîtres.

Pour l'*eau forte*, le cuivre est d'abord couvert d'un vernis sur lequel l'artiste trace son dessin à l'aide d'une pointe d'acier. L'acide, en pénétrant dans les traits, creuse le métal découvert par la pointe; les sillons produits par la morsure de l'acide remplacent ici les tailles du burin, mais les effets ne sont pas les mêmes à l'impression.

L'eau forte est en réalité une esquisse dans laquelle l'artiste, exempt du travail du cuivre, peut se laisser aller à ses inspirations avec la liberté qu'il aurait sur le papier. Aussi est-ce le genre dont les peintres ont fait le plus d'usage pour des œuvres originales.

Aujourd'hui l'eau forte s'emploie aussi comme préparation de la taille-douce, à l'exemple de Gérard Audran, d'Édelinck, de Drevet et des célèbres graveurs du siècle de Louis XIV, qui ont su tirer du mélange de ces deux gravures des effets admirables.

L'invention de la *manière noire* est due à un Allemand, le lieutenant général de Siegen, qui grava ainsi un portrait en 1643. C'est un procédé tout différent des précédents. La planche est gravée d'abord sur toute sa surface d'une teinte uniforme, espèce de sablé, qui s'obtient au moyen du berceau. Promené dans différentes directions sur le cuivre par un mouvement oscillatoire, comme l'indique son nom, cet instrument, dont le dessous un peu convexe est sillonné de stries nombreuses simples ou croisées, laisse par tout son passage des traces creuses, dont l'ensemble produit un grain velouté, plus ou moins fin, suivant le calibre des stries. Ce grain s'efface ou s'affaiblit au brunissoir proportionnellement aux degrés de force qu'on veut donner aux clairs et aux demi-teintes, et les raccords se font à la roulette comme au berceau.

Dans l'*aqua-tinte*, que l'on attribue à Hercule Zegers,

peintre qui vivait à Harlem vers 1660, il faut également un premier fond. Mais celui-ci est préparé tout autrement que celui de la manière noire, et ce n'est plus un outil, c'est l'eau forte qui creuse le grain. La planche de cuivre est soumise, dans une boîte, à un nuage de poudre de résine. Lorsqu'elle est couverte d'une légère couche de cette poussière, on la chauffe en dessous, et la résine fondue par la chaleur s'attache au métal en petits globules, qui ne permettent la morsure de l'acide que dans leurs interstices. Ce premier grain représente les demi-teintes. Ces demi-teintes étant ensuite couvertes de vernis au pinceau, destiné à les préserver de l'acide, la planche est de nouveau soumise à l'eau forte; cette seconde opération donne les teintes plus foncées, et l'on continue ainsi autant de fois que l'on a besoin de tons plus noirs et que le premier grain peut supporter la morsure. Les teintes se fondent par des raccords à l'aide de la roulette.

Le grain de la manière noire et celui de l'aqua-tinte ne sont pas de même nature. Le premier offre une régularité qui convient particulièrement pour représenter les chairs et les étoffes. Aussi cette manière est-elle la plus propre à la gravure des portraits. L'aqua-tinte rend heureusement le lavis, la botanique, la pomologie et quelques autres branches de l'histoire naturelle; elle est utile aussi pour les fonds qui doivent être coloriés.

Mais, quelles que soient la puissance de la taille-douce, la légèreté et la liberté de l'eau forte, la grâce et la douceur de la manière noire, quels que soient les effets de l'aqua-tinte, il est une limite à laquelle ces gravures ne peuvent atteindre, et tout le talent de l'artiste ne parviendra jamais à rendre, par la simple opposition des lumières et des ombres, par la plus ingénieuse disposition des tailles, ces effets de couleur si faciles au peintre, et qui seuls donnent la vie à un tableau et transportent la nature sur la toile.

Aussi a-t-on cherché depuis longtemps les moyens d'introduire dans la gravure l'élément coloré et de multiplier ainsi les copies d'un même tableau avec ses couleurs et ses tons, comme on multiplie un dessin avec ses contours, ses ombres et ses lumières.

Les premiers essais de *gravure en couleur* ont été sans aucun doute la gravure en camaïeu ou à plusieurs teintes par planches en rentrées. Inventée en Allemagne vers la fin du XVe siècle ou le commencement du XVIe, elle reçut bientôt de Ugo de Carpi de grands perfectionnements, et ce fut elle probablement qui donna lieu à Jean Papillon de fabriquer des papiers peints à Paris vers 1688. Remarquons toutefois que le camaïeu, comme le papier peint, s'exécute par la gravure en relief.

L'application de la gravure en creux à l'impression en couleurs est bien plus moderne. Le Blon la trouva en 1720, et Gautier d'Agoty publia, de 1745 à 1776, un grand nombre de planches d'anatomie et d'histoire naturelle exécutées d'après un procédé dont il se prétendait l'inventeur, et qui n'était guère que celui de Le Blon, avec cette différence toutefois qu'il se servait de quatre couleurs, tandis que Le Blon n'en employait que trois.

Depuis ce temps, ces méthodes ont été notablement perfectionnées; cependant c'est toujours par l'aquatinte que s'exécute cette gravure, et l'on en est resté aux quatre couleurs de d'Agoty, en substituant toutefois le bistre au noir. Le noir repoussait à travers les autres couleurs et donnait une teinte sale et obscure qui altérait tous les tons.

Disons aussi, que, si maintenant on obtient dans la gravure en couleurs la transparence de l'aquarelle et souvent la force de la peinture à l'huile, c'est qu'aujourd'hui l'ordre des superpositions est mieux entendu, et, au lieu d'imprimer, comme d'Agoty, le noir d'abord, puis le rouge, le bleu et le jaune, on commence par le jaune, le bleu se pose ensuite, le bistre en troisième, et le rouge vient le dernier.

En général, dans cette méthode, le travail matériel de la gravure n'est guère que secondaire, puisque c'est un fonds d'aqua-tinte, mais le goût, la connaissance du coloris, l'entente des teintes, sont des conditions indispensables que le graveur doit réunir pour nuancer convenablement les tons de son grain, dans l'intérêt des teintes qu'ils doivent produire, au moyen des superpositions de couleurs.

Toutefois, ce n'est pas assez de l'habileté du graveur, il faut aussi qu'il soit secondé par l'intelligence de l'*imprimeur en taille-douce*, sans quoi tout son travail serait perdu. Il est même une autre nature d'impression en couleur dont l'imprimeur a presque tout le mérite, c'est l'impression en couleur avec une seule planche. Gravée à l'aqua-tinte comme pour les tirages en noir, la planche est encrée avec autant de teintes préparées d'avance que le modèle en présente, et l'imprimeur doit se montrer ici coloriste habile, comme il doit être, dans le tirage à repères, imprimeur soigneux et intelligent.

Il serait donc injuste de ne considérer l'*imprimerie en taille-douce* que comme un métier purement manuel, et ce n'est pas au moment où l'introduction dans la typographie de la vignette gravée en relief a fait comprendre toutes les difficultés d'un tirage artistique, que l'on méconnaîtra le mérite de la main qui produit des épreuves à la fois colorées et harmonieuses. Si aujourd'hui l'imprimeur typographe a besoin d'unir à la connaissance parfaite des ressources de ses instruments un goût sûr et un coup d'œil exercé pour donner aux épreuves de ses gravures sur bois la légèreté ou la vigueur des effets que l'artiste a voulu obtenir, combien d'autres qualités l'imprimeur en taille-douce ne doit-il pas ajouter à celles-ci ? En effet, la mise en train typographique une fois convenablement établie, ce n'est plus que de l'attention et du soin de l'ouvrier que dépendra le succès des épreuves, mais, dans l'impression des estampes, chaque épreuve nouvelle est un nouveau travail de la main et de l'intelligence de l'ouvrier, c'est, pour ainsi dire, une nouvelle mise en train, puisque l'encrage, l'essuyage, la pression peuvent, pendant un même tirage, avoir besoin d'être modifiés suivant les variations de la température, l'état de l'encre, la nouveauté ou la fatigue des tailles, et beaucoup d'autres circonstances plus faciles à reconnaître qu'à prévoir; détails toujours renaissants qui exigent, sur la planche, tantôt une touche de main plus ferme, tantôt une plus légère, sur le volant de la presse, ici plus de force, là, plus de modération, et, dans tous les instants, mille petits soins que le goût, le sentiment de l'art et l'intelligence doivent diriger. Aussi voyons-nous, pour l'eau forte d'artiste, cette gravure peu profonde, dont tout le charme est dans le sentiment, les graveurs jaloux de leurs œuvres diriger toujours et souvent exécuter eux-mêmes le tirage de leurs épreuves.

Si nous insistons sur ces considérations, c'est que l'importance de l'impression en taille-douce n'est pas toujours assez appréciée, et cependant c'est par l'épreuve produite par l'imprimeur que le graveur est jugé, car le tirage est à la gravure ce que l'exécution musicale est à la composition. Un chef-d'œuvre de gravure, dont un tirage savant fera valoir toutes les beautés, deviendra méconnaissable sous la main d'un mauvais ouvrier; heureux encore si la planche elle-même n'est pas altérée.

En décernant à l'imprimerie en taille-douce des récompenses qu'il croit propres à exciter une heureuse émulation, le Jury exprime le regret que l'étude du dessin ne soit pas plus répandue parmi les imprimeurs d'estampes; c'est pour eux le moyen le plus sûr d'acquérir ce coup-d'œil et ce sentiment de la couleur et de l'harmonie, qui ne sont presque toujours aujourd'hui dans cette profession que des dons de la nature, et qui, plus répandus, élèveraient rapidement l'imprimerie en taille-douce à son véritable rang dans les arts.

Avant le commencement de ce siècle, la gravure ne devait rien encore aux mécaniciens; ce n'est guère qu'en 1805 que Conté, si connu aujourd'hui par l'invention des crayons, fit exécuter une machine au moyen de laquelle se gravaient les teintes plates et les lignes parallèles, et qui a rendu de grands services pour l'exécution des fonds, des ciels et de l'architecture dans les planches de la *Description de l'Égypte*, publiée aux frais de l'État par l'ordre de Napoléon Ier. Cette machine a reçu depuis des perfectionnements importants, principalement en France, par les travaux de M. Collas, et aujourd'hui l'industrie fait un grand usage des machines à graver. Elles servent non-seulement pour la préparation des fonds, pour l'architecture, les dessins des machines et tout ce qui peut se représenter par des lignes droites et des fonds unis, mais aussi pour la copie des médailles et des pierres gravées; elles produisent également les rosaces et des fonds moirés et ondulés de mille et une manières, dont aucun ne se ressemble, et qui s'emploient pour les papiers monnaies, les billets de banque et les titres d'actions. C'est cette gravure qu'on désigne souvent sous le nom de gravure incontrefaisable.

L'impression sur les étoffes par le moyen des cylindres gravés n'a pas moins d'obligations à la mécanique; aujourd'hui que les nouvelles découvertes de la chimie et de la physique viennent lui prêter leur concours, elle laisse loin derrière elle ses premiers essais, et il semble qu'à l'avenir rien ne doive lui être impossible.

Cependant, à quelque perfection de résultats que puisse arriver un jour la *gravure mécanique*, elle ne peut espérer de détrôner jamais le burin et la pointe conduits par la main de l'artiste. Froide et sans couleur, par le fait même de sa régularité et de sa perfection, la gravure mécanique manquera toujours de vie et de mouvement; elle restera sans doute acquise à l'industrie, elle lui rendra des services incontestables, mais, pour le domaine de l'art, elle n'y entrera jamais.

Il en sera de même, on peut le prévoir, de l'*héliographie*, gravure dont les résultats sont sans doute merveilleux, mais qui restera également sans vie propre et sans liberté tant que l'artiste avec son burin ne viendra pas l'animer.

C'est ici le lieu de parler des *éditeurs*, classe d'exposants dont l'influence sur les arts de la gravure, de la lithographie et de la typographie, ne saurait être douteuse que pour les personnes auxquelles ces arts eux-mêmes sont complétements étrangers.

Personne n'ignore que les estampes et les livres ne sont pas seulement des productions de l'art ou de la science, que ce sont aussi des objets de commerce et que les éditeurs sont les intermédiaires entre le public et les artistes ou les auteurs. Mais ce qu'on ne sait pas aussi généralement, c'est que l'éditeur, pour être à la hauteur de sa profession, a besoin de joindre aux qualités indispensables à tout négociant, les connaissances les plus étendues et les plus variées.

L'éditeur digne de ce nom doit être sans doute un négociant probe et consciencieux, un administrateur actif, intelligent, éclairé; mais ce n'est pas tout, et, suivant la nature de ses affaires, il lui faut des connaissances spéciales sans lesquelles il compromettrait et sa fortune et sa réputation. Ainsi, l'*éditeur d'estampes* doit être, sinon un artiste, au moins un connaisseur familier avec l'histoire des arts, doué d'un goût sûr et capable de juger du mérite des œuvres d'art, pour n'acheter que des ouvrages dignes de succès; il faut qu'il connaisse les artistes, qu'il sache apprécier leur talent, pour ne leur confier que des travaux dans la nature de leur burin ou de leur crayon. Afin de pouvoir guider les tirages, il doit avoir étudié les procédés de l'impression, comme ceux de la gravure ainsi que la manière des maîtres, et, s'il ne connaît parfaitement le goût du public, il ne saura pas s'y conformer à propos, le pressentir, et parfois même lui donner l'impulsion.

Ces qualités, sans doute, ne se trouvent pas toujours réunies; mais, quand un éditeur jouit de la considération publique et de l'estime des artistes, c'est une preuve qu'il les possède en grande partie et qu'il est au niveau de ses devoirs.

Pour le *libraire-éditeur*, ses devoirs sont plus étendus encore. Autrefois la librairie était une dépendance de l'Université et celle-ci, en échange des priviléges qu'elle accordait aux libraires, exigeait d'eux une instruction classique et une éducation professionnelle. Nous avons changé tout cela, ou à peu près; mais, si la loi est aujourd'hui moins impérieuse à cet égard, l'intérêt bien entendu des libraires ne leur permet pas plus qu'alors de négliger ces conditions, qui ne sont pas moins un élément de succès pour eux-mêmes qu'une garantie pour la société. En contact continuel avec un public lettré, avec des savants, des littérateurs, des artistes, comment le libraire comprendra-t-il leur langage, résoudra-t-il leurs questions, les guidera-t-il par ses conseils dans le choix des ouvrages nécessaires à leurs travaux, s'il n'est pas muni d'une instruction aussi étendue que solide? S'il ne possède pas l'histoire de la littérature en général et celle de son pays en particulier, s'il n'est pas versé dans la bibliographie spéciale de la science dont il s'occupe, comment connaîtra-t-il les lacunes que les ouvrages existants laissent dans l'enseignement et qu'une publication faite à propos et par l'auteur le plus spécial, comblerait aussi heureusement pour la science qu'utilement pour son commerce? Car, nous devons le faire observer, le libraire-éditeur ne se borne pas à la publication des ouvrages que les auteurs lui apportent tout composés, tout prêts pour l'impression. Comme nous voyons l'éditeur d'estampes indiquer souvent aux peintres les sujets des tableaux qu'il fera graver ensuite, comme il fixe aux graveurs les chefs-d'œuvre anciens et les compositions modernes qu'il fera exécuter à ses risques et périls, de même le libraire-éditeur prend fréquemment l'initiative de la composition des ouvrages qu'il publie; choisissant l'auteur qu'il sait être le plus capable de réussir, il lui donne son sujet, quelquefois même le plan tout tracé, et, s'il n'intervient pas dans la rédaction du livre en coopérateur scientifique, il en dirige au moins l'exécution matérielle. Le choix des artistes, la surveillance de leurs travaux, celle de l'impression des planches, la lecture des épreuves, l'ordonnancement des titres, des tableaux, des index, et mille petits détails typographiques dans lesquels ne peut entrer le chef d'imprimerie, préoccupé déjà de tous les soins de son établissement; voilà la tâche imposée au libraire-éditeur. Pourrait-il la remplir sans une activité infatigable, une intelligence éclairée, un goût exercé et des connaissances spéciales plus variées qu'on ne le pense dans le public.

Reconnaissons donc que l'éditeur, pour n'être ni typographe, ni artiste, ni savant de profession, n'en est pas moins un des hommes les plus utiles à la typographie, aux arts et à la science, et que les auteurs et les artistes seraient ingrats, s'ils refusaient de reconnaître qu'ils ont dû souvent à leurs éditeurs, avec leurs premiers travaux, l'origine de leur réputation et de leur fortune.

Outre quelques méthodes nouvellement imaginées pour reproduire les dessins, et dont la 3e section de la XXVIe classe a dû apprécier les résultats en même temps que les procédés, elle avait aussi mission d'examiner plusieurs applications de l'art de graver, différentes des estampes proprement dites; entre autres les cylindres, qui transportent sur l'étoffe, par une impression continue, les dessins gravés sur leur surface même à l'aide de la taille-douce, de l'eau forte et de tous les procédés nouveaux. Cette section comprenait aussi la gravure au burin pour la bijouterie. Dans celle-ci, l'œuvre de l'artiste ne devant pas se reproduire par l'impression, il faut qu'il trouve, dans une combinaison particulière des tailles, les effets qui, sur les estampes, résultent de l'opposition des noirs et des blancs ainsi que de leur dégradation.

A cette section appartenaient encore la gravure modelée en relief ou en creux, destinée aux cachets, aux boutons, aux médailles industrielles, aux camées, ainsi que plusieurs industries auxiliaires de la gravure, et enfin les cartes à jouer, qui, autrefois gravées sur bois[1] et coloriées au patron, se produisent aujourd'hui tant par le mode ancien que par la taille-douce et la lithographie.

La multiplicité des objets compris dans les diverses attributions de la 3e section nous force à en donner

[1] La gravure en relief pour l'impression des vignettes était d'abord comprise dans cette section. Elle en a été détachée pour être jointe à la typographie (7e section), avec laquelle elle a aujourd'hui une liaison intime, par l'identité des procédés d'impression et par les illustrations qu'elle lui fournit pour être insérées dans les textes.

ici le tableau, qui servira de base aux divisions de ce rapport.

I. Gravure en creux.
- A. Gravure pour impression sur papier.
  - 1. Gravure à la main.
    - 1° Gravure pour impression en noir (arts, sciences, géographie, musique).
    - 2° Gravure pour impression en couleur.
  - 2. Gravure par procédés mécaniques.
    - 1° Mécaniciens.
    - 2° Graveurs.
  - 3. Gravure et reproduction des dessins par des moyens chimiques et autres.
  - 4. Impression en taille-douce (en noir, en couleur).
  - 5. Éditeurs d'estampes.
  - 6. Éditeurs de livres à figures, etc.
- B. Gravure des cylindres pour impression sur étoffes.
- C. Gravure au burin pour la bijouterie.

II. Gravure modelée en creux ou en relief sur matières dures.
III. Industries diverses se rapportant à la gravure ou au dessin.
IV. Cartes à jouer.

RÉCOMPENSES.

I. GRAVURE EN CREUX.

A. — GRAVURE POUR IMPRESSION SUR PAPIER.

La gravure n'a pas seulement pour but de multiplier les chefs-d'œuvre de l'art, elle aime aussi à prêter son burin et ses divers procédés aux sciences et à l'industrie. Grâce à elle, les problèmes de la géométrie, de l'astronomie, de la physique entrent par les yeux dans l'intelligence pour se fixer dans la mémoire. Comme elle crée pour l'artiste des musées de peinture et de sculpture peu volumineux, elle produit aussi pour le naturaliste des herbiers et des cabinets d'histoire naturelle faciles à transporter, et, si la littérature lui doit souvent l'intérêt de ses publications, les États et le commerce ne lui ont pas moins d'obligations : c'est elle qui met le papier-monnaie et la lettre de change à l'abri de la contrefaçon des faussaires.

C'est à cette gravure, tour à tour artistique, scientifique ou industrielle, que sont décernées les récompenses qui suivent.

1. — GRAVURE À LA MAIN.

1° GRAVURE POUR IMPRESSION EN NOIR.

GRAVURE POUR LES OUVRAGES D'ART.

Médailles de 1re classe.

M. Campan, à Paris (France), peintre héraldique

et graveur de la grande chancellerie de l'ordre de la Légion d'honneur, avait exposé quelques armoiries et le brevet de chevalier de cet ordre, dessiné et gravé par lui. Le bon goût des ornements, la pureté du dessin et la perfection de la gravure révèlent dans M. Campan un talent qui peut sortir avec honneur des bornes étroites de la spécialité.

M. Riffaut (n° 9116), à Paris (France). — Les beaux portraits au crayon de couleur, exposés par M. Riffaut, et qu'il a gravés pour l'ouvrage de M. Niel[1], avaient facilement ouvert à cet artiste l'entrée de l'Exposition de l'avenue Montaigne; et s'il a figuré aussi au Palais de l'Industrie, c'est pour diverses gravures qu'il a exécutées, d'après des photographies, par le procédé héliographique. Ce procédé, qui appartient à la 4e section de cette classe, la photographie, donne des fac-simile très-fidèles d'estampes anciennes, mais, quand il s'agit de photographies à reproduire, l'épreuve, non moins fidèle sous le rapport matériel, manque de vie et d'effet artistique. M. Riffaut s'est appliqué à corriger ce défaut par d'habiles retouches, et il a exposé des gravures héliographiques, entre autres des animaux, qui rivalisent avec les plus belles gravures à l'aqua-tinte.

M. Saunier (n° 9148), à Montrouge (France). — Les épreuves de billets de banque gravés en relief sur acier, et qui figuraient dans le cadre de M. Saunier conservent à cet artiste le rang auquel il s'était placé par ses travaux antérieurs, et qui lui ont valu d'honorables récompenses aux expositions de 1834, 1839 et 1849.

Société artistique de Florence (Toscane). — Cinq des premiers graveurs de Florence se sont réunis, et, mettant leurs talents en commun, ils ont su, en quelques années, conduire à bonne fin deux œuvres consi-

[1] Portraits des personnages français les plus illustres du XVIe siècle. Paris, Lenoir, in-f°.

dérables, aussi remarquables par la perfection des gravures que par le mérite des tableaux qui y sont traduits.

Le premier ouvrage, *Galerie de l'Académie florentine des beaux-arts*, est un choix des plus belles peintures des anciens maîtres conservées dans ce riche musée. Soixante planches, accompagnées d'un texte explicatif, composent cette publication, que, sans protection particulière, les cinq associés, administrateurs non moins sages que graveurs habiles, sont parvenus à compléter en six ans (1842 à 1848).

Le second, qui ne le cède en rien au précédent, ni pour le mérite de l'exécution ni pour l'intérêt des sujets, offre quarante copies des chefs-d'œuvre de peinture dont s'enorgueillit à juste titre le couvent de Saint-Marc de Florence, si célèbre par les inimitables fresques du dominicain Giovanni Angelico da Fiesole.

La réunion de ces deux recueils peut être considérée comme l'histoire de la peinture florentine par ses monuments, et comme un appendice nécessaire à l'ouvrage de Vasari.

En décernant la médaille de première classe à la Société artistique de Florence [1], le Jury est heureux de récompenser le talent des auteurs de ces belles publications, et de reconnaître le service qu'ils ont rendu à l'art en mettant dans la main de tous, par des copies d'une fidélité scrupuleuse et dans leur vrai caractère original, ces chefs-d'œuvre de sentiment et d'expression, dont l'étude ne pouvait profiter jusqu'ici qu'au petit nombre d'artistes et d'amateurs à qui leur fortune ou des circonstances exceptionnelles permettaient le voyage de la terre classique des beaux-arts.

[1] Nous croyons devoir donner ici, rangés alphabétiquement, les noms des cinq graveurs qui se sont consacrés à cette œuvre de dévouement artistique. Ce sont : MM. Gust. Bonaini, Phil. Calendi, Domin. Chiossone, Phil. Levy et le chevalier Ant. Perfetti, professeur à l'École des beaux-arts de Florence.

Médailles de 2e classe.

M. Victor Texier (n° 9122), à Paris (France), est en même temps un graveur habile et un éditeur consciencieux. A la mort de M. de Clarac, qui lui avait confié la direction de toute la gravure de son important ouvrage du *Musée de sculpture*, il n'a pas craint d'engager sa modeste fortune pour achever ce monument élevé à l'art de Phidias, et, à force de temps et de sacrifices, il l'a terminé en 1853.

Comme graveur, M. Texier n'est pas moins recommandable, et la grande *Description de l'Égypte*, le *Musée Napoléon* de Robillard Péronville, le *Musée royal* de Laurent, et le *Voyage pittoresque d'Espagne* de M. de la Borde, présentent plusieurs pièces sorties de son burin. On lui doit aussi plus de quarante planches de la celèbre ruine du palais d'Heidelberg.

M. Campagnano (n° 189), à Florence (Toscane), a envoyé plusieurs épreuves de gravures dans le genre de celles de la Société artistique, et qui soutiennent avec honneur la réputation de la gravure italienne.

Mention honorable.

M. Adler (n° 52), à Hambourg (Villes anséatiques), pour ses *Vues de Paris*, gravées sur acier.

GRAVURE POUR LES SCIENCES ET LES ARTS INDUSTRIELS.

Médailles de 2e classe.

Pour les gravures à l'usage des démonstrations scientifiques, ce que les professeurs et les élèves demandent au burin, c'est moins l'effet artistique et brillant que l'exactitude des projections, la précision du trait, ainsi que la justesse de la perspective et des ombres, M. Dulos (n° 9379), à Paris (France), doit à ces qualités qu'il possède à un degré éminent, l'honneur d'être dessinateur et graveur en titre de l'École polytechnique.

M. Guiguet (n° 8990), à Paris (France), est également un dessinateur et un graveur distingué, dont les gravures, relatives aux sciences et aux arts, sont en grande estime parmi les industriels.

M. Petit-Colin, à Paris (France). — C'est principalement à la gravure des machines que s'est appliqué M. Petit-Colin. Cet artiste est aujourd'hui un des premiers de Paris pour ce genre de travail, auquel les progrès toujours croissants de la fabrication des appareils mécaniques donnent de jour en jour une importance plus générale.

Mention honorable.

M. Ernst (n° 9), à Zella (Saxe-Cobourg-Gotha), pour ses modèles industriels gravés sur acier.

GRAVURE POUR LA GÉOGRAPHIE.

Médailles de 2e classe.

M. Jules Coisquin (n° 9081), graveur du dépôt de la guerre, à Paris (France), a exposé divers plans de villes parmi lesquels celui d'Orléans a principalement mérité les éloges de la commission; mais l'attention du Jury a été plus particulièrement attirée par la feuille de Clermont-Ferrand, gravée par cet artiste, et qui faisait partie des spécimens de la carte de France exposés par le dépôt de la guerre.

M. J.-Th. Delsol (n° 9085), à Paris (France). — La carte de Suisse, gravée sur acier par M. Delsol est remarquable par la clarté des légendes et par la perfection avec laquelle les effets de terrain ont été rendus, grâce à une heureuse combinaison des lignes courbes et des travaux du burin et de la roulette.

M. Dyonnet (n° 9091), graveur de la marine et

auxiliaire du dépôt de la guerre, à Paris (France), manie le burin avec talent. Ses cartes sont d'une exécution très-finie, d'un modelé parfait, et sa méthode de représenter les reliefs est d'un heureux effet.

Mention honorable.

M. Flotz-Eberle (n° 27), à Francfort-sur-le-Mein, pour ses plans gravés de la ville libre de Francfort.

GRAVURE POUR LA MUSIQUE.

On sait que les procédés par lesquels se grave la musique n'ont que peu de rapports avec ceux des autres genres de gravure. Sur une planche d'étain sont tracées les lignes des portées, et sur ces lignes, ainsi que dans leurs intervalles, on frappe, avec des poinçons de diverses formes, les notes du chant et des accompagnements ainsi que les signes des modulations. Les lettres du texte sont poinçonnées de la même manière entre les portées et dans les parties de la planche que la musique n'occupe pas.

La gravure de la musique ne serait donc guère qu'une profession manuelle, si, à l'habileté du métier, le graveur n'était obligé de joindre une connaissance suffisante de la musique théorique pour copier convenablement les morceaux qui lui sont confiés. Quant à la gravure elle-même, le mérite consiste, outre la correction, dans l'intelligente distribution des distances, dans la netteté de la frappe, dans la régularité et la symétrie des têtes, des queues et des divers signes.

Mentions honorables.

Direction royale des nouvelles prisons cellulaires (n° 1152), à Moabit, près Berlin (Prusse), pour la musique gravée, imprimée et reliée dans l'établissement.

M. G.-W. Kœrner (n° 1173), à Erfurth (Prusse),

pour la régularité, la netteté et la bonne disposition de sa musique gravée.

M. Scholz, à Mayence (Prusse), pour la musique envoyée par cet exposant, et dont la gravure révèle autant de soin que d'intelligence des conditions de ce travail.

M. Antoine Vialon (n° 9124), à Paris (France). — Habile graveur non-seulement pour la notation musicale, mais pour la vignette des titres, qu'il dessine avec talent, M. Vialon a su tirer de l'étain une pureté de lignes et un brillant de tons qu'on n'avait obtenus jusqu'à lui que sur le cuivre. S'appliquant avec non moins de succès à la gravure des chiffres pour la musique notée selon la méthode de Galin, il a présenté une série nombreuse de publications musicales notées d'après ce même système, et où son nom figure souvent parmi ceux des compositeurs de la musique et des paroles.

Les parties de ces publications qui ne sont pas gravées par lui sont imprimées en typographie avec des chiffres qu'il a fait fondre sur ses propres dessins.

Le Jury de la XXVIe classe, n'ayant pas à se prononcer sur le mérite de ce mode de notation, n'a dû considérer M. Vialon que comme graveur; il se plaît à rendre justice à son talent et lui décerne une mention honorable[1].

2° GRAVURE POUR IMPRESSION EN COULEURS.

La gravure en couleurs est aujourd'hui, pour la lithochromie, une rivale d'autant plus redoutable, qu'à ses fac-simile de dessins à l'aquarelle, à la sépia et à la mine de plomb elle ajoute maintenant des imitations de peinture à l'huile, auxquelles il est impossible de parvenir par

[1] Voir encore, pour les éditeurs de musique, le rapport de M. Renouard, p. 1257 des rapports officiels.

l'impression sur pierre; car les reliefs de la couleur à l'huile et des empâtements ne peuvent se produire sur la pierre comme ils s'obtiennent sur le cuivre par la gravure. La gravure en couleurs offre aussi l'avantage du bon marché : elle arrive à ses effets avec quatre planches seulement, et, dans la lithochromie, le nombre de pierres est presque sans limites, au moins jusqu'à ce jour. Ajoutons que la galvanoplastie peut prêter son concours à la gravure sur métal pour reproduire des fonds d'aqua-tinte identiques, tandis qu'elle reste tout à fait inapplicable aux besoins de la lithographie.

Médaille de 1re classe.

M. Isnard-Desjardins (n° 9104), à Paris (France), est certainement l'artiste qui a le mieux réussi jusqu'ici dans la gravure en couleurs. Une entente vraiment artistique des effets, un grain d'aqua-tinte heureusement ménagé, une parfaite reproduction des tons, soit fondus, soit heurtés, des modèles qu'il copie, enfin une grande habileté à saisir et à rendre la manière du maître donnent aux fac-simile de dessins à l'aquarelle, à la sépia et à la mine de plomb, exécutés par M. Desjardins, une telle vérité d'imitation, que les artistes même, s'ils ne sont pas prévenus, y sont trompés au premier coup d'œil; l'illusion est complétée par le grain même du papier assez épais dont les dessinateurs font généralement usage et dont l'apparence est produite au moyen d'une dernière planche gaufrant les épreuves dans les conditions exigées pour la perfection de l'imitation.

Cette méthode de gaufrer les épreuves a donné à M. Desjardins la pensée d'imiter les empâtements de la couleur à l'huile et les traces du pinceau, et il y a réussi d'une manière non moins étonnante que pour les aquarelles.

Aujourd'hui, M. Desjardins livre au commerce des

imitations de petits tableaux à l'huile, toutes montées sur toile et châssis pour 10 francs; des aquarelles pour 5 francs, des sépia et des mines de plomb pour 2 fr. 50 centimes.

Si M. Desjardins a soin de choisir de bons modèles, il verra ses planches arriver à un débit certain, et l'élève ou l'amateur de province sera heureux de posséder des modèles presque aussi parfaits que des originaux, pour un prix moindre que ne lui coûtait auparavant la location pour un mois.

Médaille de 2ᵉ classe.

M. Himely (nº 9102), à Paris (France), rivalise de talent avec M. Desjardins, et les fac-simile d'aquarelles qu'il a exposés sont également d'une grande vérité. Toutefois, il n'a pas encore tenté l'imitation de la peinture à l'huile, et ses tons n'ont pas toute la vigueur de ceux de M. Desjardins.

Le Jury engage M. Himely à persévérer dans ses efforts, comme il invite son concurrent à ne pas s'arrêter dans la voie du progrès. Cette lutte pacifique ne peut que tourner à l'avantage de l'art et à celui des artistes eux-mêmes.

M. Dunand-Narat (nº 9258), à Paris (France). — La galerie des dessins offrait quelques épreuves d'impression en couleurs à l'huile, sur toile et sur papier, présentées par ce graveur. Bien que ces essais laissassent encore à désirer, le Jury a cru devoir les encourager; il n'a pas oublié que M. Dunand-Narat est inventeur d'un procédé imitant la gravure sur bois et qui offre le double avantage de la rapidité d'exécution et du bon marché réunis à la perfection des résultats [1].

[1] Ce procédé consiste dans la transformation par le clichage d'une gravure à l'eau forte sur cuivre, en une gravure en relief. Quand l'acide a suffisamment creusé le dessin, qui a dû, avant la morsure, être terminé et amené à l'effet sur le vernis, la planche

Mention honorable.

M. Rouchon, à Paris (France). — Dans une galerie étrangère aux œuvres d'art (la galerie de la quincaillerie), un tableau envoyé par cet exposant a fixé l'attention du Jury. C'était une toile religieuse de 2 mètres 50 cent. de haut sur 1 mètre 50 cent., *le Baptême de N. S. par saint Jean.* Ce tableau, d'un bon style et d'une touche large, paraissait être une peinture à l'huile; ce n'était cependant qu'une imitation obtenue sur toile au moyen de la gravure en bois et de l'impres-

est dévernie et soigneusement nettoyée. Il ne s'agit plus que de la préparer pour que le cliché prenne le relief nécessaire. A cet effet, on l'échauffe légèrement, et, à l'aide d'un tampon de graveur en bois, on la couvre d'encre typographique, en prenant soin qu'il n'entre pas d'encre dans les traits. La planche ainsi encrée est alors appliquée sur un carton lisse, sur lequel on a préalablement répandu bien également de la plombagine en poudre; les parties encrées s'emparent de la poudre et il en résulte des épaisseurs sur tous les points que l'acide n'a pas creusés. On renouvelle l'opération autant de fois qu'il est nécessaire pour donner au cliché le relief suffisant, et, sur les grandes parties blanches, on augmente l'épaisseur de l'enduit en y appliquant au pinceau du plâtre de mouleur. Lorsque tout est sec, on cliche.

Le procédé de M. Dunand-Narat a le même destination que la *panéiconographie* de M. Gillot, la *galvanoglyphie* de M. Palmer, de Londres, la *chimitypie* de l'imprimerie impériale de Vienne, et la gravure de M. Wiesener : c'est la transformation d'une gravure en creux ou d'un dessin en une planche à relief propre à l'impression typographique. Mais l'invention de M. Dunand-Narat semble avoir la priorité, puisqu'elle est de 1840. (Bulletin de la Société d'encouragement, année 1840.)

Du reste, les opérations sont différentes.

Au lieu du clichage, le relief de la panéiconographie est donné directement par le zinc; les traits du dessin sont préservés de l'action de l'acide sulfurique par de la poudre de résine au moyen d'un encrage épais, et le zinc est creusé fortement par l'acide sur tous les points qui n'ont pas été encrés.

Dans la chimitypie, une poudre de métal fusible est répandue dans les traits d'une gravure obtenue sur une planche de zinc par de l'eau forte affaiblie. Ce métal en poudre est fondu par la chaleur d'une lampe à esprit de vin, et, quand la planche, bien raclée, ne porte plus de ce métal, que ce qui s'en est insinué dans les traits,

sion en couleurs, à reprises, comme pour les beaux papiers peints[1].

C'est une heureuse pensée que d'appliquer aux tableaux religieux des moyens de reproduction économiques qui permettent de décorer, avec de bonne copies des chefs-d'œuvre de la peinture chrétienne, nos églises de campagne dont les fabriques sont si pauvres. Destinés à être vus à distance, les tableaux d'église n'ont pas besoin du fini des petits sujets de genre; ce qu'il leur faut avant tout c'est un dessin pur et un coloris vrai et à effet. Aussi pouvons-nous présager à M. Rouchon un succès non douteux, s'il a la sagesse de

on soumet le tout à l'acide muriatique; le zinc seul en est attaqué, et, en peu de temps, le métal introduit dans les traits se trouve assez en relief sur le zinc pour pouvoir fournir des épreuves à la presse typographique.

Quant à la galvanoglyphie de M. Palmer, elle a plus de rapport avec la méthode de M. Dunand-Narat, et l'idée première pourrait bien avoir été suggérée par le procédé du graveur français. Sur une planche de zinc enduite de vernis, M. Palmer trace son dessin à la pointe. Il étend ensuite sur le vernis plusieurs couches d'encre, et, quand il a obtenu une épaisseur suffisante, il soumet la planche au bain galvanique qui produit une planche de cuivre où le dessin vient en relief.

Que M. Dunand-Narat substitue la galvanoplastie au clichage, ce sera le même procédé, ce sera le même résultat, mais l'opération sera plus lente que par le cliché.

M. Wiesener arrive au même but que les inventeurs précédents, mais par une route un peu différente. Sa gravure à l'eau forte sur cuivre étant exécutée, et avant d'enlever le vernis, il dore les creux du dessin par le procédé Ruolz, il dévernit, fait mordre toute la planche, et l'acide n'agissant pas sur les parties dorées, celles-ci restent en relief et il obtient une planche de cuivre propre à l'impression typographique.

[1] Le tableau du baptême de N. S. est la copie d'un modèle dû au pinceau d'un artiste, grand prix de Rome, M. Jourdy. Cette copie se compose de 176 bois, tant pour les grands effets que pour les détails et les dégradations de tons.

Bien que cette imitation de peinture ne soit pas, comme les précédentes, le résultat de la gravure en creux, le Jury a cru devoir la classer ici, ainsi que les épreuves de M. Dunaud-Narat, ces procédés ne s'appliquant pas à la typographie.

s'attacher à la reproduction des tableaux des grands maîtres.

A côté du mérite de l'économie et de celui de la belle exécution, il est une autre condition qu'il est indispensable de rencontrer dans les reproductions destinées à être placées dans les églises, c'est la durée. Sous ce point de vue, le procédé dont nous nous occupons offre les garanties nécessaires, s'il est vrai que des expériences nombreuses et suffisamment prolongées aient donné la certitude que les tableaux *Xylo-stéréochromiques* de M. Rouchon peuvent résister aux influences atmosphériques, à l'humidité comme à la grande chaleur.

II. — GRAVURE PAR PROCÉDÉS MÉCANIQUES.

Lorsque le burin reproduit les œuvres de l'art, la main qui le conduit doit être animée elle-même du sentiment qui inspirait l'auteur du modèle; c'est à cette condition qu'elle peut communiquer à sa traduction la vie et la chaleur qui brillent dans l'œuvre originale; mais, si l'objet à copier n'est composé que de lignes, comme dans les démonstrations scientifiques, si l'ombre et le clair-obscur n'y jouent que des rôles secondaires, si le modèle est sans vie, le mérite de la copie sera dans la fidélité des lignes et la régularité des tons.

Ces conditions peuvent s'obtenir par des moyens mécaniques, et l'industrie est d'autant plus autorisée à y recourir, qu'elle y trouve économie de dépense, accélération de production, et sûreté dans les résultats.

Aussi, lorsque Napoléon voulut consacrer par un ouvrage national le souvenir de la mémorable campagne d'Égypte, Conté, chargé de la direction des planches de cette colossale publication, comprit qu'il pouvait demander à la mécanique d'en faciliter l'exécution. C'est alors, qu'avec le secours du mécanicien Gallet, il créa la machine à graver les ciels, les eaux, les fonds et l'architecture[1].

Ce burin automate réussit au gré de son auteur, qui procura ainsi à l'État, dans l'exécution des planches de cette publication, plus de 250,000 francs d'économie. Plus tard, la machine de Conté, survivant au besoin qui l'avait fait naître, resta acquise à la gravure, et, pendant plus de vingt ans, elle régna sans rivale, utile aux artistes pour tout ce qui ne demandait que des lignes parallèles, droites ou ondulées.

Ce fut en 1825 qu'elle se vit tout à coup détrônée par un perfectionnement très-simple en apparence mais dont l'adoption conduisit à des résultats inattendus[2].

La machine de Conté était composée d'une règle sur laquelle courait un chariot armé d'une pointe sillonnant le cuivre parallèlement à la règle. Cette règle reculait sur le cuivre après chaque ligne tracée. Un jeune mécanicien, M. Collas, renversa tout ce système. Au lieu de faire marcher la règle sur une planche immobile, ce fut la règle qu'il rendit fixe et la planche qu'il fit avancer par une vis de rappel qui en modérait la marche, avec une régularité parfaite et dans des

[1] L'Angleterre a réclamé la priorité de l'invention des machines à graver, mais il paraît que les Anglais n'opéraient que sur des planches de petites dimensions et qu'ils cachaient soigneusement leurs moyens. Ainsi, quand bien même il serait constaté qu'en 1803 on gravait déjà mécaniquement en Angleterre, le mérite de Conté ne pourrait en être diminué, puisqu'il n'a pu connaître leurs instruments et que sa machine avait une puissance bien supérieure.

Du reste on gravait depuis longtemps sur métal par le moyen de la *machine carrée, du tour à guillocher* et *du tour à portraits*, comme on peut le voir dans le *Manuel du tourneur* de Bergeron, pl. 45, 50, 51, 52 et p. 45 et suivantes du tome II (2e édition); mais ces gravures, qui n'avaient pas l'impression pour objet, manquaient de la perfection que donnent aujourd'hui les machines actuelles.

[2] Petit-Pierre, en 1810, a présenté aussi à la Société d'encouragement une machine à graver, mais il n'en a plus été parlé depuis.

proportions réglées par un cercle indicateur à tous les degrés désirés.

C'était une révolution complète, car bientôt le principe du tour à guillocher s'ajoutant à ce nouveau mécanisme, celui-ci ne se borna plus à des lignes droites ou ondulées, il produisit toutes les lignes bizarres que peut donner le guilloché.

Plus tard, le support de la planche put non-seulement avancer et reculer, mais tourner à pivot, et le cercle se fit aussi facilement que la ligne droite et la ligne serpentine; l'ovale, la spirale, l'épicycloïde et toutes les figures régulières sortirent à leur tour de cette disposition.

Quelques années s'étaient écoulées dans ces perfectionnements, lorsqu'un jour M. Collas désira imiter les nuages dans un ciel; il y réussit et au delà de ses prévisions, car il trouva en même temps le moyen de produire ces brillants effets de relief et de creux si admirés en 1832 dans le *Trésor de numismatique et de glyptique.* Un deuxième plateau mobile et une touche directrice avaient opéré ce prodige.

Maintenant ces merveilleuses machines sont dans le domaine public; les étrangers comme les Français les exécutent plus ou moins heureusement. On peut en varier les effets, les multiplier, les combiner de diverses façons nouvelles, mais ce sont toujours les mêmes principes, et il restera à M. Collas le mérite de les avoir appliqués le premier, comme à Conté l'honneur d'avoir le premier, en France, tendu la main à la gravure en taille-douce[1].

Une nouvelle application de la mécanique à la gravure vient de se montrer à l'Exposition, et c'est encore à

[1] Nous n'ignorons pas que l'Allemagne, l'Amérique et l'Angleterre ont aussi contribué aux progrès de la gravure mécanique, mais on doit reconnaître qu'en général leurs travaux ont eu pour point de départ ceux du mécanicien français.

M. Collas qu'elle est due. On connaît tout le parti que les dessinateurs tirent du pantographe pour réduire ou amplifier des dessins, et les services que cet instrument rend aussi aux graveurs pour leurs calques. Le génie inventif de M. Collas s'est tourné vers ce sujet. Pourquoi, s'est-il dit, ne graverait-on pas en même temps que l'on calque? De la pensée à l'exécution la distance fut bientôt franchie, et maintenant un ingénieux mécanisme, obéissant à la main qui calque un dessin, le grave avec la fidélité d'une machine et dans les dimensions que l'artiste veut adopter.

Ce n'est pas tout : comprenant que l'industrie pourrait tirer parti de cette invention pour des dessins qu'elle a souvent à répéter, comme les chiffres, les lettres, les encadrements, pensant aussi que ce serait un avantage important de pouvoir faire exécuter, même par des mains inhabiles, ce travail de calque pour lequel il faut ordinairement autant d'adresse que de soin et d'attention, M. Collas a gravé en creux, sur du zinc, un grand assortiment de lettres et d'ornements, qu'il peut réunir pour en faire des modèles, comme le compositeur d'imprimerie réunit ses caractères, et nous avons vu un jeune enfant exécuter des dessins, par cette machine, avec autant de précision que de facilité, en faisant suivre, par une pointe à calquer, les traits creusés dans les types de zinc, et que la pointe à graver répétait avec exactitude.

De là les applications les plus nombreuses. Au moyen d'une pointe en diamant, non-seulement les métaux, mais le bois et la pierre se gravent avec netteté, et l'orfévrerie, la tabletterie et tous les arts qui employaient jusqu'ici le burin dispendieux du graveur, pourront, quand cette machine sera plus connue, obtenir à peu de frais, et, ce qui souvent est plus précieux, en peu de temps, les ornements dont la gravure les forçait autrefois à porter trop haut le prix de leurs produits. La gravure de la lettre pour les cartes de géographie comme pour tous les usages du commerce s'obtiendra par cette machine à des prix singulièrement réduits.

Une autre machine, inventée aussi par M. Collas, toujours d'après le principe du pantographe, produit à la fois cinq copies gravées du même dessin. C'est à l'aide de cet instrument qu'en 1849 ont été gravés, en quelques jours, dix exemplaires de chacun des 750 noms des représentants. Ces 750 noms étaient destinés au service des trémies à voter, qui, sans l'invention de M. Collas, seraient restées privées d'usage.

La gravure doit encore à cet ingénieux mécanicien un nouvel instrument au moyen duquel disparaît une des grandes difficultés de l'art, la nécessité de graver à rebours. On sait que le tirage donne toujours des épreuves dans le sens opposé à celui de la gravure. Pour avoir des épreuves du même sens que le dessin original, il faut donc que la gravure soit en sens contraire de ce dessin. Le graveur y parvient en opérant sur un décalque, et, lorsqu'il veut comparer son travail au dessin, il regarde celui-ci dans une glace qui le renverse. Par une combinaison d'une simplicité remarquable, la machine de M. Collas grave en sens inverse et l'épreuve est identique au dessin. Ce moyen lui a permis de produire pour la banque pontificale un billet dont les deux moitiés du cadre et des ornements se répètent en se regardant et sont parfaitement identiques, bien qu'en sens contraire.

Une des principales applications qu'on fait aujourd'hui de la gravure mécanique est la confection des billets de banque, des papiers-monnaies, lettres de change, titres d'actions et autres papiers dont il est important de rendre la contrefaçon sinon impossible, au moins facile à reconnaître, difficile à exécuter. Aussi les États-Unis, cette mère patrie du papier-monnaie et des banques, se sont-ils appliqués à cet objet, et c'est dans ce pays que l'invention de Perkins a pris naissance.

Le moyen de détourner le contrefacteur est de varier à l'infini l'irrégularité des lignes d'une gravure, pour qu'elle ne puisse être imitée qu'à la main, car la main n'a pas la sûreté d'un instrument, et il lui arrive toujours quelque infidélité qui trahit la contrefaçon. La répétition d'un même dessin placé différemment, autrement entouré, et qu'on peut changer de disposition à volonté, est encore un moyen certain de prévenir ou de découvrir la fraude. Lorsqu'une disposition nouvelle est donnée à la planche à chaque série de cent ou de mille billets, il devient difficile au faussaire de se conformer à cette grande variété, et l'imitation est alors trop dispendieuse pour être profitable.

Ce furent sans doute ces considérations qui engagèrent Perkins à chercher à perfectionner les procédés qu'on avait employés en France pour la fabrication des assignats, et qui sont décrits très au long par Camus dans son *Histoire de la stéréotypie*.

En France, à la suite de nombreux essais, Gengembre et Droz, après lui, s'étaient arrêtés à la méthode que voici : ils faisaient graver en creux un dessin sur acier, trempaient l'acier, et, de cette gravure, tiraient au balancier une contre-épreuve en relief également sur acier. De cette contre-épreuve, trempée à son tour, ils tiraient des planches de cuivre[1].

Perkins comprit que le balancier ne pouvait agir que sur des matrices de petites dimensions, et il songea au procédé usité de tout temps pour graver les molettes. Il résolut donc de remplacer la seconde planche d'acier, celle qui reçoit le relief, par un cylindre également d'a-

[1] Herhan, chargé de ce polytypage, tira, pour les assignats de 400 livres, 897 poinçons en relief sur acier, et 1,488 épreuves sur cuivre en creux, et, pour l'assignat de 50 livres, il fournit 4,760 reliefs et 7,684 creux. (*Camus*, pages 93 et 94.)

cier. A cet effet, il dut s'occuper d'abord des moyens de donner à volonté à l'acier la mollesse du cuivre, et, quand il y eut réussi, son procédé fut trouvé. Une planche d'acier gravée en creux est durcie par la trempe; une presse, composée d'un cylindre inférieur très-fort et d'un cylindre supérieur d'acier mou, la reçoit entre ces deux cylindres, et, dans son mouvement circulaire sur cette planche, le cylindre dont l'acier n'est pas encore trempé reçoit en relief la gravure de la planche en creux. Ce cylindre, à son tour durci par la trempe, donne sur cuivre des tailles-douces identiques à la première.

Les Américains font aujourd'hui un usage général de ces reproductions pour leurs billets de banque, et l'on comprendra combien cette industrie doit être importante, quand on saura que chacun des États de l'Union a sa banque nationale, laquelle émet des billets de diverses sommes; qu'en outre toutes les entreprises considérables ont aussi des banknotes de plusieurs valeurs, et que les grands négociants imitent ces banques.

L'industrie du graveur de billets consiste donc à avoir de nombreux cylindres d'acier gravés pour les fonds, et un grand choix de petits dessins, portraits, costumes, vues, attributs, armoiries, chiffres, lettres, exécutés également sur des roulettes d'acier. Quand le banquier a désigné les dessins qu'il préfère, arrêté les dispositions de la planche entière, le graveur reporte sur cuivre ou sur acier mou toutes les parties du billet et livre la planche à l'acquéreur. Les matrices des petits dessins restant toujours dans les mains du graveur, il doit finir par avoir un assortiment très-varié, propre à fournir un nombre illimité de combinaisons nouvelles, composées des mêmes dessins. D'où il résulte qu'une planche peut être confectionnée à un prix très-modéré.

En France, où cette méthode est peu usitée, chaque banque, chaque grande industrie fait faire une gravure, qui, bien qu'exécutée par des moyens mécaniques, est toujours plus dispendieuse, puisqu'elle est spéciale et que le travail doit être nouveau pour chaque personne.

Grâce à ces diverses inventions de la mécanique, l'industrie peut obtenir aujourd'hui rapidement et à prix réduits les travaux que le burin n'exécutait pour elle qu'avec lenteur et à grands frais; la gravure d'art elle-même y trouve, pour ses préparations, ses fonds, ses ciels, ses eaux et toutes ses teintes plates, une économie, une célérité et une perfection d'exécution auxquelles elle ne pouvait atteindre, et peut-être un jour pourra-t-elle tirer du calque-graveur de M. Collas des services qu'elle n'en espère pas encore.

1° MÉCANICIENS.

Grande médaille d'honneur.

M. ACHILLE COLLAS (n° 9,079), à Paris (France). — Les ingénieuses machines de M. Collas ont eu sur les progrès de la gravure mécanique une influence si prononcée, que l'histoire de cet art est, en partie, comme nous venons de le voir, l'histoire des travaux de ce mécanicien. Aussi a-t-il fait oublier le nom de Conté; et, bien que celui-ci ait le mérite d'avoir, le premier en France, inventé une machine de ce genre, à peine aujourd'hui est-il connu des graveurs, si ce n'est pour ses crayons; tandis que le nom de M. Collas est devenu populaire dans tous les ateliers de taille-douce.

C'est qu'en effet c'est aux machines de M. Collas que la gravure doit maintenant la célérité et la perfection de ses travaux, en même temps que la réduction des prix qui a contribué si puissamment à en propager l'usage dans l'industrie.

Avant de mettre au jour sa machine à graver, M. Collas s'était déjà fait connaître par un tour de force mécanique, la *gravure irisée*. Dans ses beaux travaux sur la lumière, le docteur Th. Young avait indiqué la cause des tons irisés qui chatoient sur les surfaces métalliques polies, lorsqu'elles ont été rayées. Il avait démontré que ces iris sont dus à des interférences de rayons produites par des lignes de différents sens, tracées très-fines et très-rapprochées. Cette théorie, appliquée par M. Barton, de la Monnaie de Londres, produisit de brillantes parures métalliques à reflets irisés, dont les matrices d'acier offraient plus de 2,000 lignes par pouce carré anglais; M. Barton était même parvenu à en tracer jusqu'à 10,000 dans le même espace. Ce succès éveilla l'émulation de M. Collas, et, sans connaître la machine avec laquelle opérait M. Barton en grand secret, et qui n'est pas même encore connue, le mécanicien français fabriqua, à son tour, des boutons irisés; en 1825, il présentait à la Société d'encouragement une plaque ovale d'acier de 18 millimètres (8 lignes), dans laquelle il avait gravé 8792 traits[1].

Ce résultat curieux était dû à la machine à graver pantographique, dont nous avons cité plus haut la fidélité à reproduire les calques.

C'est peu de temps après que M. Collas mit au jour le perfectionnement de la machine Conté, à laquelle il travaillait depuis quelques années, et qui ne tarda pas à se répandre en France et à l'étranger.

Depuis cette époque, M. Collas n'a cessé de perfectionner ses instruments et d'étendre leur puissance au profit de la gravure; lorsque la gravure numismatique apparut, elle excita un tel intérêt, que des célébrités[2]

[1] Voir le rapport de M. Héricart de Thury, *Bulletin de la Société d'encouragement*, tome XXIV, pages 249 et suivantes.

[2] MM. Paul Delaroche, Henriquel Dupont, Ch. Lenormant, etc.

artistiques et littéraires s'empressèrent de s'associer à l'habile mécanicien pour la publication du *Trésor de numismatique et de glyptique*, ouvrage immense, dont l'exécution n'aurait jamais pu avoir lieu sans le nouveau procédé de gravure.

Ce n'est pas seulement à la gravure que M. Collas s'est rendu utile. Chacun sait que les belles réductions de la Vénus de Milo et des chefs-d'œuvre de la sculpture antique et moderne, que l'on admire dans les magasins de M. Barbedienne, sont dues à deux instruments de l'invention de M. Collas, l'un pour la ronde-bosse, l'autre pour le bas-relief.

Mais ce qu'on ne sait pas aussi généralement, et ce qu'il est juste de faire connaître, c'est que ces briques creuses qui allégent aujourd'hui nos constructions, que ces tuyaux de terre cuite que l'agriculture va employer bientôt sur une si vaste échelle, M. Collas en avait le premier compris l'utilité et trouvé une fabrication facile. Dès 1842, il avait pris un brevet pour la *fabrication par compression des briques creuses de toute forme et des tuyaux de terre cuite*. Ce brevet, tombé en déchéance pour avoir eu le tort de venir trop tôt, est entré aujourd'hui dans le domaine public; et, tandis que les idées de M. Collas sont restées stériles pour leur auteur, l'architecture et le drainage les utilisent maintenant au profit des inventeurs de seconde date. Plus ami de son art que de la richesse, M. Collas ne pense pas à réclamer, il se console de l'injustice de la fortune par le plaisir de voir que, de son vivant, le temps a donné raison à ses prévisions.

Nous pourrions citer encore beaucoup d'autres inventions de M. Collas restées sans exploitation et qui feront peut-être un jour la fortune de quelques industriels assez bien inspirés pour savoir en profiter mieux que lui; car autant son génie inventif a d'activité, autant son esprit est insouciant pour la spéculation, et pour lui un brevet n'est guère qu'un certificat d'invention, une prise de date.

Le Jury de la XXVIe classe, considérant les services importants rendus par M. Collas aux arts industriels, et particulièrement à la gravure et à la sculpture, décerne à cet exposant la grande médaille d'honneur.

Médaille de 1re classe.

M. B. Barrère (n° 9069), à Paris (France). — Déjà connu par les récompenses qu'il a méritées aux expositions de 1849 et 1851, M. Barrère s'est montré, au concours de 1855, digne du rang honorable où ses travaux antérieurs l'avaient placé. Habile constructeur de machines de précision, ce mécanicien s'est occupé surtout de celles qui intéressent l'art de la gravure. Il avait exposé, dans l'Annexe, trois machines sorties de ses ateliers, et qui fonctionnaient à la vue du public avec une précision et une rapidité remarquables.

L'une, destinée à la gravure sur cuivre, sur acier et sur pierre lithographique, produisait les effets numismatiques avec réduction ou amplification de diamètre, comme avec augmentation ou diminution de relief. Ce même instrument donnait également les lignes droites ou circulaires, ondulées, spirales, elliptiques; les fonds moirés, et généralement tout ce qu'exigent le billet de banque, la lettre de change et les autres effets de commerce.

Une autre petite machine, agissant automatiquement par un mouvement d'horlogerie, gravait, avec une délicatesse surprenante, dans un espace de sept dixièmes de millimètre, jusqu'à quatre étoiles concentriques, dont celle du centre, malgré sa dimension microscopique, conservait toute la perfection de sa forme.

Un tableau, offrant des épreuves de ces diverses gravures, ainsi que des spécimens de tailles-douces reportées, à la manière américaine, sur des molettes d'acier, et reproduites ensuite sur planches de même métal, donnait une idée des ressources que l'industrie pouvait trouver dans les instruments de M. Barrère.

Enfin, un tour à portrait exécutait aussi, sous les yeux du public, des réductions et augmentations de médailles et de monnaies, sur les matières les plus dures, à l'aide d'une pointe de diamant tournant sur elle-même avec une vitesse de près de 2,000 tours à la minute.

Médailles de 2e classe.

M. Wagner (n° 1160), à Berlin (Prusse). — Le Jury, en reconnaissant la perfection de gravure des épreuves présentées à l'Exposition par ce mécanicien et provenant de sa machine à guillocher et de ses machines glyptographiques, a regretté que les instruments eux-mêmes n'aient pas été envoyés, ou qu'au moins des dessins ne lui en aient pas été communiqués. Il croit facilement, par les résultats exposés, à l'excellence de ces machines, qui sont, dit l'auteur, adoptées par des établissements importants, et, entre autres, par l'Imprimerie impériale de Vienne, par la banque de Pologne, par le Gouvernement de Wurtemberg, etc.; mais, privé de la vue de ces instruments, il s'est trouvé dans l'impossibilité de juger de ce qu'ils ont d'original ou d'emprunté aux autres mécaniciens, et il a dû se borner à accorder à M. Wagner une médaille de 2e classe.

M. Rabanel, à Paris (France). — M. Rabanel a exposé une machine à graver le bois, les métaux, les pierres, etc., dont le mécanisme fort simple peut avoir d'utiles applications.

M. Neale (n° 300), à Londres (Royaume-Uni). — La presse mécanique de M. Neale, pour la taille-douce, offre une grande rapidité d'exécution; mais, destinée aux timbres-postes, aux billets de chemins de fer et autres objets de grands tirages, il est douteux qu'elle puisse être appliquée aux gravures d'art.

2° GRAVEURS.

A mesure que la gravure mécanique s'est perfectionnée et que les besoins de l'industrie en ont étendu l'usage, il s'est formé une classe de graveurs qui, devenus habiles à manœuvrer ces instruments, en ont fait leur spécialité et ont contribué eux-mêmes, par leur intelligence et leur expérience, aux améliorations que les mécaniciens y ont successivement introduites. Bien qu'il semble d'abord que ce travail n'ait rien d'artistique, il serait injuste de refuser à ces graveurs le titre d'artistes, puisqu'il est beaucoup de parties de leurs travaux qui, exigeant en outre l'emploi du burin et de la pointe, demandent autant de goût que de talent pour fondre l'œuvre de la main avec celle de l'instrument et pour en combiner les effets.

Médailles de 2e classe.

MM. Rawdon et Cie, à New-York (États-Unis). — Ces graveurs avaient envoyé une très-grande épreuve contenant une nombreuse variété de petites vignettes gravées chacune séparément sur acier, mais reportées par le moyen du cylindre sur une seule planche de cuivre, qui devenait ainsi et le spécimen de toutes leurs vignettes, et l'exemple du mode suivi en Amérique pour la confection des billets de banque.

MM. Toppan et Carpenter, à Philadelphie (États-Unis). — Non moins riche que le précédent, le spécimen de MM. Toppan et Carpenter était également remarquable par la variété et la bonne exécution des vignettes destinées aux mêmes usages que celles de MM. Rawdon.

M. Auguste Heinrigs (n° 1172), graveur et imprimeur en taille-douce, à Aix-la-Chapelle (Prusse). — La carte d'adresse donnée comme spécimen par M. Heinrigs est un véritable tour de force de gravure pour l'extrême délicatesse des rosaces, des ornements, des traits entrelacés ou concentriques, et surtout pour l'incroyable finesse des caractères. Dans un espace circulaire dont le diamètre n'atteint pas 7 millimètres, il a fait tenir l'Oraison dominicale en allemand, 13 lignes d'inégale longueur, contenant ensemble 265 lettres minuscules romaines. Un autre cercle semblable contient la Salutation angélique en caractères italiques. Des caractères plus microscopiques encore, les uns romains, les autres italiques, forment les éléments d'ornements très-délicats où ils ne présentent à l'œil nu que des traits; et, dans chacune des majuscules blanches qui forment son nom, et dont la hauteur ne dépasse pas 2 millimètres 1/2, cet artiste, aussi patient qu'industrieux, a tracé ce même nom en capitales romaines, qu'une forte loupe seule peut permettre de lire.

Le tirage de ce petit chef-d'œuvre, fait en parties à reflets métalliques, répond, par sa perfection, à la délicatesse de la gravure.

Cette finesse de gravure, qui semble d'abord une simple curiosité, a cependant un but utile; elle peut servir à prévenir la contrefaçon des papiers-monnaies.

Mentions honorables.

M. Bishop (n° 1911), à Londres (Royaume-Uni). — Gravure de billets de banque exécutée par un mouvement d'horloge pour en rendre la contrefaçon plus difficile.

M. Hezard, à Paris (France). — Gravure dite *inimitable*, pour les billets de banque, les actions industrielles, lettres de change, etc.

M. Mac Lees (Archibald), à New-York (États-Unis). — Comme MM. Rawdon et MM. Toppan et Carpenter, ses compatriotes, avaient exposé un spécimen des vignettes dont ils composent les papiers-monnaies, M. Mac Lees a envoyé une épreuve des lettres et chiffres gravés qu'il reproduit aussi par le cylindre, et qui complètent la fabrication des billets de banque.

M. Villerey (n° 9125), à Paris (France). — Les épreuves de billets de banque, actions de chemins de fer et autres effets de commerce présentées par M. Villerey ne le cèdent en rien à celles des graveurs ci-dessus pour la finesse et la variété des détails, qui en rendent la contrefaçon presque impossible.

III. — GRAVURE ET REPRODUCTION DE DESSINS PAR DES MOYENS CHIMIQUES OU AUTRES.

Autant la mécanique a étendu le domaine de la gravure industrielle, autant les nouvelles découvertes de la physique et de la chimie semblent appelées à en reculer encore les limites. D'une part, c'est la lumière qui, après avoir dessiné sur le papier les objets qu'elle éclaire et préparé pour la gravure les images qu'elle a formées, nous promet qu'elle gravera bientôt ses dessins en même temps qu'elle les trace. D'autre côté, c'est l'électricité qui, jalouse de la lumière, vient à son tour mettre sa puissance au service de la gravure, pour multiplier les œuvres du burin, transformer le relief en creux et le creux en relief, à la demande de l'imprimeur en taille-douce ou du typographe, et, non contente de reproduire avec fidélité ce que la pointe a tracé, grave elle-même le dessin qu'on lui donne, ou rend directement dans le métal les contours et le modelé des objets qu'on lui confie.

Nul ne peut dire où s'arrêteront ces merveilles : déjà, à la suite de la gravure héliographique de M. Niepce, viennent se placer les essais de MM. Garnier et Salmon, à côté de la reproduction électrotypique des planches gravées, se pressent et la gravure galvanique sur acier, inventée en 1840, par M. Spencer, de Liverpool, et la gravure directe des tableaux, trouvée par le professeur Fr. de Kobell, de Munich, et l'impression naturelle de l'imprimerie impériale de Vienne, et mille autres applications nouvelles qui se produisent chaque jour.

Plusieurs de ces procédés qui, presque tous doivent leur existence à la pile voltaïque, étaient représentés par de très-beaux spécimens dans les vitrines de l'Imprimerie impériale de Vienne, qui a obtenu la grande médaille d'honneur pour l'ensemble de son exposition. Pour ne parler ici que de ceux qu'avait produits la presse en taille-douce, nous citerons :

1° De jolies vignettes obtenues par la *stylographie*.

Sur une plaque de gomme laque, de couleur foncée, on applique une couche de poudre d'argent. Un sujet est dessiné à la pointe, et une double reproduction galvanoplastique donne une planche en taille-douce identique au dessin.

2° Quelques épreuves hyalographiques.

L'*hyalographie* ou gravure sur verre, par le moyen de l'acide fluorique, était connue depuis longtemps, mais la fragilité du verre ne permettait pas d'en faire usage pour la taille-douce. Bien qu'en prenant un verre très-épais et en modérant convenablement la pression on puisse en tirer directement des épreuves, la crainte des accidents a fait préférer une méthode plus longue, mais aussi plus certaine : la gravure sur verre est reportée sur cuivre, comme dans la stylographie, par la galvanoplastie.

3° De belles planches galvanographiques.

Inventée par M. le professeur Fr. de Kobell, de Munich, la *galvanographie* a l'avantage d'être un procédé plus direct que les précédents ; la planche en creux pour l'impression en taille-douce s'obtient par une seule opération. Sur une plaque de cuivre argentée, on peint un sujet avec des couleurs à base d'oxydes métalliques. Ce tableau, soumis ensuite avec les précautions d'usage au bain galvanique, produit une planche en creux dont les épreuves ont beaucoup d'analogie avec les gravures en manière noire.

4° Des collections de figures de botanique, de minéralogie et de dentelles obtenues au moyen du procédé dit : *impression naturelle.*

Ce mode de gravure inventé par M. le conseiller Auer, directeur de l'imprimerie impériale de Vienne, et par M. Wörring, prote de l'atelier de galvanoplastie de cet établissement, est d'une simplicité remarquable : une plante, une feuille sèche, un morceau de dentelle ou tout autre objet, d'un relief modéré, est placé sur une planche de fer ou d'un autre métal dur; par-dessus cet objet, on pose une planche de plomb, et l'on fait passer le tout entre les cylindres d'une presse en taille-douce. Le plomb en sort portant l'empreinte fidèle de l'objet qu'il recouvrait, et, soumis à la galvanoplastie, il donne une planche de cuivre où la gravure est en relief; une deuxième planche de cuivre tirée de ce relief aussi par l'électrotypie, donne un creux qui s'imprime en taille-douce et produit des épreuves qui sont la nature elle-même.

Si, en raison de sa fragilité ou de toute autre cause, l'objet à graver craint l'action de la presse, on en prend un moule en guttapercha et celui-ci fait l'office de la planche de plomb.

Ce procédé a produit de très-beaux résultats, mais la priorité en a été revendiquée par le Danemark. Vers 1833, Kyhl, orfévre habile de Copenhague, eut comme MM. Auer et Wörring, la pensée de reproduire par la pression entre deux métaux de dureté différente la forme de divers objets naturels. Il y parvint et consigna le résultat de ses essais dans un mémoire manuscrit, accompagné d'épreuves de ses planches; mais il mourut quelque temps après, et sa découverte resta enfouie dans ses papiers, inconnue de tous. Ce ne fut que par l'annonce de l'invention viennoise que l'on songea à Kyhl et à ses gravures.

Sans vouloir ravir à l'orfévre danois le mérite de ses essais, il est évident qu'on ne peut l'opposer à MM. Auer et Wörring, pour les dépouiller de leur invention. Car, il faut le dire, celle-ci ne consiste pas seulement dans l'empreinte sur métal, empreinte qui n'amenerait pas des résultats meilleurs que ceux de Kyhl, sans la galvanoplastie, qui vient leur donner la perfection manquant aux épreuves de Copenhague. Si le Danemark était fondé à contester à l'Autriche l'invention de l'impression naturelle, la France pourrait à son tour la contester au Danemark, puisque Gengembre, en 1792, exécuta les billets de la caisse patriotique au moyen de dessins tracés sur métal dur par une encre épaissie, dont l'empreinte se produisait sur un métal plus tendre et l'on remonterait ainsi jusqu'à Franklin qui avait essayé ce procédé avant 1777.

Laissons donc à chacun sa part de gloire, et, tout en accordant à Kyhl le mérite de ses essais, comme à Gengembre celui de ses procédés et à Franklin la priorité de la pensée d'une gravure directe par compression, reconnaissons qu'avant MM. Auer et Wörring, personne n'avait réussi, comme ils l'ont fait, à mettre dans le domaine de l'art pratique ce procédé simple et facile de graver sans graveur et sur la nature même.

C'est aussi par la pile que l'Imprimerie impériale de France, également honorée de la grande médaille d'or, avait obtenu sur cuivre la gravure originale en creux des beaux encadrements qui, reproduits ensuite en relief par la galvanoplastie, ont orné les pages de la magnifique *Imitation de Jésus-Christ* si admirée à l'Exposition.

Au nombre des obligations que la gravure a encore à la galvanoplastie, il faut mentionner en première ligne la reproduction des planches en taille-douce en creux. Ce résultat est d'autant plus remarquable, lorsqu'il réussit, qu'il y a une double opération à exécuter : le relief d'abord, qui s'obtient de la planche originale, et le creux qui se surmoule sur ce relief. Il faut donc réunir une double condition : un relief assez parfait pour donner un creux identique à l'original, une opération assez habilement conduite pour n'altérer en rien le type sorti du burin de l'artiste.

M. Hulot, employé à la monnaie, avait exposé une reproduction parfaite en creux de la gravure de M. Desnoyers, *la Belle Jardinière ;* M. Perthes, de Gotha, avait également envoyé de bonnes reproductions galvaniques de tailles-douces d'une grande dimension. Ces exposants ayant été récompensés pour l'ensemble de leurs produits, nous ne les mentionnons que pour rendre hommage à la beauté de leurs planches.

Au nom de M. Philippe, de Rouen (France), était exposée une reproduction en relief obtenue directement de la planche originale des *Musiciens ambulants*, gravée par Wille ; et près d'elle, une épreuve, tirée sur un creux provenant de ce relief, se faisait admirer par sa belle exécution. Sans nuire à la pureté des traits, M. Philippe a su avec habileté empêcher l'adhérence du métal réduit sur le creux original ; et nous devons faire observer que la double reproduction de la planche de Wille présentait de grandes difficultés, cet artiste étant un des graveurs qui ont manié le burin avec le plus de finesse et de légèreté. Une mention honorable a été décernée à M. Philippe.

Quant à l'invention de la gravure par l'action de la lumière, elle remonte déjà à plus de 30 ans. Elle est due à Nicéphore Niepce, qui la trouva avant 1822 ; ce fut son premier pas vers la merveilleuse découverte à laquelle Daguerre a donné son nom, comme Améric Vespuce a donné le sien au continent découvert par le génie et le courage de Christophe Colomb.

La propriété que possède le bitume de Judée, de former avec les essences un vernis que l'impression de la lumière rend insoluble dans les mêmes essences, fit naître à M. Niepce la pensée d'appliquer sur une plaque métallique une couche d'un vernis de ce bitume dissous dans l'essence de lavande, de placer sur cette plaque ainsi préparée une gravure rendue transparente et d'exposer le tout à la lumière; l'action des rayons lumineux achevée, il dissolvait avec l'essence de lavande la partie du vernis que les noirs de la gravure avaient préservée de l'action solaire, et, soumettant la planche à l'eau forte, comme le font les graveurs, il avait une reproduction en creux du dessin de la gravure originale.

Ces procédés, abandonnés presque à leur naissance en raison de l'imperfection des résultats qu'ils donnaient alors, sont aujourd'hui d'un usage plus facile et plus sûr, grâce aux perfectionnements qu'ils ont reçus de M. Niepce de Saint-Victor, neveu de l'inventeur, et à qui la photographie a de nombreuses obligations.

L'*héliographie* est donc acquise maintenant à l'art de la gravure, et, si elle n'est pas encore parvenue au dernier degré de perfection que les nouvelles découvertes de M. Niepce de Saint-Victor lui promettent, elle rend dès aujourd'hui de grands services aux graveurs qui savent, par un heureux emploi des diverses opérations de l'aqua-tinte et par d'habiles retouches, donner à leurs œuvres héliographiques la douceur et le modelé que n'ont pas toujours les reproductions obtenues dans la chambre obscure.

Pour les fac-simile de gravures ou de dessins, l'héliographie semble avoir atteint sa dernière limite, si nous en jugeons par les différents spécimens qui ont été exposés, et principalement par l'admirable reproduction d'une gravure d'Albert Durer, exécutée par M. Benjamin Delessert, et qui, placée en regard de l'original, semblait être une seconde épreuve sortie de la même planche.

M. B. Delessert avait exposé aussi des fac-simile remarquables, tirés de l'œuvre de Marc-Antoine, qu'il publie en reproductions photographiques.

M. Delessert se trouvant hors de concours, comme membre du Jury, la XXVIe classe exprime son regret de ne pouvoir lui donner la récompense due à la perfection de ses produits. Elle le remercie au nom des amis des arts de la libéralité avec laquelle il livre au public la belle collection de l'œuvre de Marc-Antoine, pour un prix représentant à peine les déboursés.

MM. Aguado, Baldus et Nègre avaient également, dans leurs expositions, de belles épreuves de gravure héliographique. Ces habiles photographes, ayant reçu la médaille de 1re classe dans la IVe section, nous ne les citons ici que pour rappeler ce double titre à la récompense qui leur a été décernée.

Médailles de 1re classe.

MM. Abate et Clero de Clerville (n° 640), à Londres (Royaume-Uni). — Le procédé de M. Abate est une véritable conquête faite par la science sur la nature. C'est réellement le résultat de l'étude de la chimie et de celle de la physiologie végétale. Au moyen d'une dissolution acide dont l'auteur imprègne une surface de bois plane ou cylindrique, ce bois, soumis à la pression contre une feuille de papier, transmet à celui-ci tous les traits du dessin que la nature a tracé sur les veines du bois. Par un autre procédé non moins facile et tout aussi ingénieux, le bois mouillé avec un mordant ou une couleur propre à la teinture imprime ses traits sur une étoffe, qui se colore ensuite par les procédés propres à l'art du teinturier.

Cette découverte, au moyen de laquelle l'imitation des veines du bois, si difficile jusqu'ici, n'a plus besoin du pinceau de l'artiste, peut rendre de grands services à l'ornementation dans toutes ses branches.

L'auteur a établi à Londres une manufacture dans laquelle le papier de tenture se vend de 1f,50 à 3 fr. le rouleau, et le calicot imprimé de 0f,75 à 0f,95 le mètre.

M. Léon Schöninger (n° 138), à Munich (Bavière). — M. Schöninger avait envoyé 9 planches produites par la méthode *galvanographique* de M. le professeur de Kobell, de Munich. Ces planches, d'un très-bel effet de manière noire, font honneur au talent de l'artiste qui les a exécutées, et qui semble avoir perfectionné encore le procédé primitif.

Médailles de 2e classe.

MM. Devillers et Cellerin (n° 9375), à Mulhouse (France). — En contact journalier avec les dessinateurs pour étoffes, MM. Devillers et Cellerin avaient remarqué plus d'une fois de quelle utilité il serait pour ces artistes de pouvoir facilement réduire ou amplifier leurs dessins, sans recourir au long travail du papier quadrillé ou du pantographe; un jour il leur vint en pensée que par l'élasticité du caoutchouc on pourrait arriver à ce résultat. Mais par quel moyen produire sur le caoutchouc une tension assez régulière pour que l'agrandissement d'un dessin fût égal sur tous les points? Ici les attendaient de graves difficultés. Enfin, après de longs essais, ils ont trouvé le seul procédé qui pût remplir leur but :

Une plaque ronde de caoutchouc, d'une épaisseur parfaitement égale sur tous les points, est placée sur un plateau de métal; un double cercle métallique tient la plaque de tous côtés. Quand, par l'effet d'une vis les cercles descendent ou que le plateau monte, toute la circonférence de la plaque élastique se tend régulièrement; dans le mouvement contraire le caoutchouc revient à sa première épaisseur. Si donc un dessin tracé au crayon lithographique est décalqué sur le caoutchouc, il grandira avec la tension de la plaque. Si on veut obtenir une réduction on tend la plaque avant le décalque. On peut tirer de ces dessins quelques contre-épreuves.

La machine de MM. Cellerin et Devillers était exposée sous le nom de *Ecteno-synelcographe.*

MM. Garnier et Salmon (n° 9093), à Chartres (France). — Des expériences de M. Niepce de Saint-Victor, communiquées à l'Académie des sciences en 1847, avaient révélé un phénomène curieux, la propriété que possède la vapeur de l'iode, du chlore, du soufre et de quelques autres substances de se porter sur les noirs d'une gravure préférablement aux blancs, et de reproduire les dessins par le décalque sur le papier et sur les métaux polis.

Reprenant les recherches de M. Niepce, MM. Garnier et Salmon, à Chartres, ont fait des observations nouvelles, qui les ont conduits à plusieurs modes de gravure autographique pour imprimer par la presse en taille-douce, par la presse typographique et par la presse du lithographe.

Les faits principaux qu'ils ont constatés et sur lesquels se fondent leurs procédés sont ceux-ci :

Le laiton se combine aussi bien que l'argent avec l'iode, le chlore, le soufre et le brome pour former des iodures, des chlorures, etc., impressionnables à la lumière.

L'image iodurée apparaît sur le laiton comme sur l'argent par l'intermédiaire du mercure.

L'encre grasse typographique est repoussée par le mercure, et elle s'attache aux parties du laiton où le mercure n'est pas resté adhérent.

C'est sur ces principes qu'est basé le premier mode de gravure autographique de MM. Garnier et Salmon, la gravure en creux.

Le dessin qu'on veut reproduire est soumis dans une boîte, pendant une minute ou deux au plus, à la vapeur de l'iode, qui s'attache aux traits noirs; puis il est décalqué sur une planche de laiton par une pression rapide et légère. Les traits commencent à être visibles; pour les faire apparaître plus complétement et comme préparation nécessaire à la gravure, un tampon de coton imprégné de mercure liquide est promené sur le métal jusqu'à ce que le dessin se détache sur le fond en teinte argentée. On passe alors sur la planche un rouleau chargé d'encre typographique, laquelle, repoussée par le mercure, n'adhère qu'aux parties qui n'ont pas accepté celui-ci, c'est-à-dire aux blancs de la gravure non iodurés. Après que la couche d'encre grasse a été épaissie par une poussière de colophane dont on la saupoudre, le mercure est enlevé au moyen d'une dissolution de nitrate d'argent, et la planche soumise à l'eau forte donne le dessin en creux pour la presse en taille-douce.

Veut-on produire une gravure en relief, l'observation suivante de MM. Garnier et Salmon leur fournit un moyen simple d'y réussir :

L'action prolongée de la lumière rend l'iodure de laiton adhérent au métal et inaltérable par le mercure.

En conséquence de ce principe, la planche, après le décalque, est soumise à l'action de la lumière assez longtemps pour que les traits iodurés n'aient plus à craindre l'effet du mercure. Elle est alors replacée dans la boîte à iode, et l'iodure primitivement formé par le décalque, et que la lumière a rendu impropre à se joindre au mercure, agit comme un vernis pour repousser l'iode de deuxième application. C'est alors que la planche est passée au mercure, lequel, ne pouvant plus prendre sur les traits du dessin, se porte uniquement sur les blancs, que le second iodage a préparés à le recevoir, et en repousse l'encre quand on y passe le rouleau; d'où il suit que le dessin, étant seul encré, sera seul préservé de la morsure de l'eau forte, et que celle-ci, n'agissant que sur les blancs, produira, en les creusant, une gravure en relief propre à être imprimée par la presse typographique.

Les auteurs préparent aussi leur planche pour impression à la manière de la lithographie. Nous ne décrirons pas ce procédé, dans lequel intervient la galvanoplastie. Les deux méthodes que nous venons d'indiquer suffisent pour faire juger ce que les inventeurs ont ajouté aux expériences qui les ont précédés.

Cependant, nous ne passerons pas sous silence la gravure qu'ils appellent *photographique*, et qui repose aussi sur une application du principe précédent de l'action de la lumière sur l'iodure de laiton.)

Après avoir été soumise à la vapeur de l'iode, la planche de laiton est recouverte d'une épreuve photographique sur verre. La lumière, en traversant la photographie, rend l'iodure de laiton inaltérable par le mercure dans les parties correspondantes aux blancs, et le laisse libre dans les parties ombrées. Alors le mercure, agissant comme dans les procédés ci-dessus décrits, s'attache aux parties noires et en repousse l'encre, qui ne prend que sur les blancs. Il en résulte que l'acide mordant les parties noires et respectant les blanches, recouvertes par l'encre, on obtient ainsi une gravure en creux, si le cliché est positif, ou en relief, s'il est négatif.

En observant dans leurs essais que le rouleau passé plusieurs fois sur une plaque, dont l'exposition à la lumière n'avait été que de peu de durée, enlevait peu à peu l'iodure non influencé, et y substituait son encre, pendant que les parties influencées ne s'encraient pas, les inventeurs ont essayé à n'exposer qu'une minute au plus à la lumière leur planche iodée et recouverte de la photographie transparente; ils l'ont ensuite soumise au rouleau, et l'encre, en se substituant à l'iodure non influencé, dans les parties de la planche garanties de la lumière par les noirs de la photographie, a défendu ces parties de la morsure de l'acide. Alors les parties blanches ont été seules attaquées. Le résultat de cette opération a été une gravure en relief quand le cliché était positif, en creux lorsqu'il était négatif.

Ce procédé, remarquable simplification des précédents, puisqu'il a pour base l'action seule de la lumière sans intervention de mercure, pourra devenir d'une heureuse application quand l'expérience en aura confirmé la constante réussite.

IV. — IMPRESSION EN TAILLE-DOUCE.

Si la multiplication des dessins par l'impression avait été connue des anciens, nous aurions aujourd'hui des notions bien plus précises sur leurs usages, leurs costumes et tous les détails de leur civilisation, et les portraits de leurs grands hommes seraient parvenus jusqu'à nous, avec la vie et la physionomie que la gravure sait reproduire presque aussi bien que la peinture, et que ne peut donner l'aspect froid et inanimé du marbre. Il n'en est pas ainsi, et si un passage de Varron a pu faire croire un instant que l'antiquité avait trouvé un moyen de reproduction analogue à celui de l'impression, l'incertitude des termes de l'auteur, le silence des écrivains contemporains et l'absence complète de tout monument à l'appui ont détruit, jusqu'à ce jour, tout espoir de succès dans les recherches à ce sujet.

Heureusement, la régénération du XVe siècle a mis notre avenir à l'abri d'une nouvelle décadence, et la découverte de Maso Finiguerra a rendu aux arts le même service que celle de Gutenberg avait rendu à la pensée.

L'imprimerie en taille-douce a peu de progrès à faire. La perfection du tirage dépend avant tout de l'habileté personnelle de l'ouvrier. Peut-être trouvera-t-on un jour des moyens abréviatifs pour l'impression, mais ils ne seront applicables qu'aux épreuves communes; pour les beaux travaux, jamais la régularité automatique ne remplacera le sentiment de l'art, la délicatesse de la touche et les ressources de l'intelligence. Aussi cette profession paraît-elle à l'abri des grandes révolutions que la mécanique, la physique et la chimie amènent chaque jour dans les arts industriels.

Mais si le manuel de l'art est parvenu à peu près à ses limites, le personnel peut aspirer encore au progrès. Rare aujourd'hui, parce que la nature seule est chargée du soin de le développer, le talent de l'imprimeur en taille-douce deviendra plus général lorsqu'une éducation artistique appropriée aux besoins de sa profession aura perfectionné chez l'ouvrier, dès son apprentissage, les qualités maintenant exceptionnelles que la nature peut créer, mais qu'elle n'est pas suffisante seule pour rendre complètes.

1° IMPRESSION EN NOIR.

Médailles de 1re classe.

Les beaux tirages exposés par M. Chardon aîné, et parmi lesquels on remarquait *le Strafford*, de M. Henriquel-Dupont; *la Françoise de Rimini*, de M. Calamatta; *la Vierge au sommeil*, de M. Martinet; *la Vierge à la chaise*, de M. Scheffer de Francfort; *Pic de la Mirandole*, de M. François, quelques portraits et quelques vues, ainsi que des viguettes imprimées dans le genre anglais et dans la manière allemande, soutiennent avec honneur la réputation que le fondateur de cette maison importante, M. Chardon père, avait acquise par trente années de travaux dirigés avec beaucoup d'habileté, et avec des soins constamment attentifs et non moins éclairés.

Dans les mains de M. Chardon fils, l'établissement fondé par M. Chardon père n'a pas déchu de son ancienne splendeur; il est toujours chargé des plus beaux ouvrages, tant de la France que de l'étranger, et entre autres des impressions de la calcographie du Louvre. Trois millions d'épreuves de toute nature, sorties en 1854 des ateliers de M. Chardon fils, attestent la confiance générale des artistes et des éditeurs.

M. W.-H. Mac-Queen (n° 1917), à Londres (Royaume-Uni). Imprimeur non moins habile que M. Chardon aîné, M. Mac-Queen a exposé d'admirables impressions dans tous les genres et particulièrement dans la manière noire, gravure dans laquelle excellent les artistes anglais. Une partie des plus belles planches placées dans les vitrines des principaux exposants du Royaume-Uni sortaient aussi des ateliers de cet imprimeur.

Médailles de 2e classe.

Le cadre de M. Berthiau (n° 9072), de Tours (France), moins riche en grandes planches que les expositions des imprimeurs de Paris, ce qui s'explique par son éloignement de la capitale, était au moins aussi remarquable par la supériorité de ses tirages de vignettes. Il suffit, du reste, de faire observer que c'est à ses ateliers qu'était due l'impression de toutes les gravures en taille-douce ornant la splendide publication *la Touraine*, chef-d'œuvre de typographie illustrée, qui a valu à M. Mame la plus haute récompense accordée aux imprimeurs du commerce. En obtenant sur la peau de vélin un tirage en taille-douce aussi pur et aussi brillant que sur le plus beau papier, le talent de M. Berthiau a triomphé d'une difficulté qu'on regardait généralement comme insurmontable.

Rivalisant de soins et d'habileté avec M. Chardon aîné, M. Chardon jeune (n° 9077), à Paris (France), a présenté des épreuves d'une véritable valeur, et le Jury ne doute pas qu'il ne s'élève au même rang que son parent, lorsque le temps aura donné à son établissement l'importance qu'il mérite à juste titre.

MM. Hall et Virtue (n° 1916), à Londres (Royaume-

Uni). — Les gravures exposées par cette maison font partie de la galerie royale des arts de Londres. C'est en dire assez pour la louange des graveurs et des imprimeurs en taille-douce.

Mentions honorables.

M. H. Felsing (n° 77), à Darmstadt (Grand-Duché de Hesse), pour ses spécimens d'impression en taille-douce aux deux états de la planche.

M. Pierron (n° 9110), à Paris (France), pour ses tirages de vignettes et pour le procédé au moyen duquel il remmarge les estampes en remplaçant le vieux papier par un nouveau.

M. Auguste Wetterott (nos 1228, 1691), à Salzbourg (Autriche). — Pour la bonne exécution des épreuves qu'il a exposées.

2° impression en couleurs.

La gravure en couleurs a fait depuis peu de temps de très-grands progrès, et c'est au talent des artistes qu'il convient sans doute d'en attribuer le premier mérite; mais il serait injuste de ne pas accorder à l'imprimeur en taille-douce quelque part dans le succès. Confiez à des mains inintelligentes le tirage en couleurs de la gravure la plus habilement préparée, la plus heureusement exécutée, et vous n'aurez qu'une imagerie de colportage; au contraire, la presse vous donnera de charmants tableaux, si le soin et l'habileté de l'imprimeur secondent le talent du graveur. La justesse des tons d'ensemble, l'exactitude mathématique des rentrées, dont la moindre déviation peut perdre tout le travail, exigent, avec une attention soutenue et une main sûre, une grande expérience du retrait des papiers et une étude sérieuse de la nature et de l'action réciproque des diverses couleurs. Ces qualités ne sont pas assez communes pour qu'il soit inutile de les encourager.

Médailles de 1re classe.

M. Digeon (n° 9087), à Paris (France). — Cet imprimeur a exposé des fac-simile et des impressions colorées qui révèlent une étude profonde de la combinaison des tons et une connaissance réelle de la gamme des couleurs. L'habileté avec laquelle il a reproduit le cercle chromatique de M. Chevreul indique des recherches sérieuses.

M. Cl.-J.-N. Rémond (n° 9114), à Paris (France). — Placé en première ligne par ses impressions en taille-douce artistique, M. Rémond n'est pas moins habile pour les tirages en couleurs. Une grande partie des belles impressions d'histoire naturelle sortent de ses ateliers et font honneur à l'excellente direction de sa maison.

Médaille de 2e classe.

M. P. Delamain (n° 9084), à Paris (France). — Il suffit, pour caractériser l'habileté de M. Delamain, de rappeler que c'est à lui que M. Isnard Desjardins confie le tirage de ses jolis fac-simile, dont le Jury a reconnu la supériorité.

V. — ÉDITEURS D'ESTAMPES.

L'exposition de 1855 est la première exposition française qui ait rendu justice au commerce des estampes en lui permettant de se présenter à ce grand concours des industries nationales; honneur, du reste, pleinement justifié par l'importance de cette industrie. Les services que rend ce commerce aux arts et aux artistes, le chiffre de la vente des estampes, qui s'élève annuellement en France à près de 15 millions, dont un tiers au moins est dû à l'exportation, sont des titres qui le placent au rang des industries, sinon les plus riches, au moins les plus utiles aux progrès des arts de goût.

En ouvrant aux produits de la gravure et de la lithographie un débouché considérable, le commerce des estampes donne de l'occupation aux artistes et nourrit plusieurs classes d'ouvriers. Il procure aux fabriques de papiers une consommation importante, surtout en papiers supérieurs, et par les œuvres d'art qu'il répand en grand nombre il réagit heureusement sur l'industrie elle-même, en épurant à la fois et le goût du public et celui des fabricants.

Médailles de 1re classe.

MM. Goupil et Cie (n° 9097), à Paris (France). — C'est surtout à l'éditeur d'estampes que sont dus les résultats dont nous venons de parler. Son goût dans le choix des tableaux anciens à reproduire ou des sujets nouveaux à traiter, son habileté à reconnaître la spécialité des artistes de talent, entrent pour beaucoup dans le succès des publications, et partant dans leur influence pour le progrès de l'art ou de l'industrie. A tous ces titres, la maison Goupil et Cie, éditeurs d'estampes et imprimeurs en taille-douce, doit être placée au premier rang parmi les établissements du même genre. Fondée en 1827, par MM. Rittner et Goupil, dans des conditions modestes, elle a fait de rapides progrès sous l'influence d'une habile direction, et aujourd'hui elle a atteint des proportions exceptionnelles. Une succursale à Londres, une autre à New-York, une correspondance étendue en Allemagne et dans les diverses parties du monde, assurent aux œuvres de l'art français, par l'intermédiaire de la maison Goupil, un écoulement qui n'avait jamais été obtenu jusqu'ici et qui s'élève maintenant, chaque année, à plus de 1,400,000 francs. Un tel accroissement ne peut être l'effet du hasard, c'est le résultat d'une haute intelligence, d'une activité infatigable, d'un véritable amour de l'art poussé jusqu'au dévouement. N'a-t-on pas vu, en effet, en 1830, la maison Goupil, qui à peine avait eu le temps de s'installer, venir activement au secours de la grande gravure au burin en encourageant la reproduction en taille-douce des *Noces de Cana*, de *la Vierge aux candélabres*, de *la Sainte-Cécile*, de *la Sainte-Famille*, de Madrid, et d'autres chefs-d'œuvre de la peinture ancienne ou moderne, au moment où la cessation subite des subventions de la liste civile allait forcer les artistes les plus habiles à abandonner la grande voie des Audran, des Édelinck, des Drevet pour les procédés expéditifs et tout industriels de la manière noire et de l'aquatinte? Et lorsque, dix-huit ans plus tard, le volcan politique ébranlait le sol européen et menaçait d'asphyxie tous les commerces de luxe, ne voyons-nous pas encore MM. Goupil lutter avec courage contre les circonstances pour conserver aux artistes les travaux commencés? C'est alors que pour ouvrir à leur commerce une nouvelle voie en remplacement de celle que leur fermait la secousse européenne, ils conçurent la pensée d'acclimater le goût des arts aux États-Unis, cette terre classique des intérêts matériels. Pensée téméraire peut-être pour des négociants moins expérimentés que MM. Goupil, mais qui, par leur habileté, réussit au delà des espérances. Grâce à cette initiative hardie, le sol de l'Amérique, jadis si inhospitalier pour les beaux-arts, accueille aujourd'hui avec faveur nos belles productions, et la vente qui, dans la maison de New-York, avait eu peine en 1848 à atteindre le chiffre de 140,000 francs, produisait en 1854 celui de 570,000 francs.

Ce succès, du reste, est bien justifié par la richesse du catalogue des publications de MM. Goupil et Cie, qui comprend tant de chefs-d'œuvre des grandes écoles anciennes et modernes reproduits par le burin des premiers artistes de nos jours, sans parler des belles pages qui figuraient à l'Exposition, comme l'*Hémicycle* de

M. Delaroche, gravé par M. Henriquel-Dupont et *les Noces de Cana*, de Paul Véronèse, dues au burin de M. Prévost.

Si nous considérons l'établissement de MM. Goupil et Cie sous le rapport des sommes qu'il verse annuellement chez les artistes et parmi les ouvriers, nous lui trouvons la même supériorité; car, en additionnant les dépenses faites pour ces deux natures de frais dans les onze années de 1844 à 1854, nous arrivons au chiffre énorme de 2,228,000 francs pour les artistes, et 1,940,000 francs pour les ouvriers, sans parler de l'acquisition des papiers.

Ajoutons que, comme imprimeurs en taille-douce, MM. Goupil et Cie sont aussi au premier rang, non pour le nombre des presses, puisqu'ils n'impriment guère que pour eux-mêmes, mais pour les soins qu'ils donnent à leurs tirages et le mérite des épreuves sortant de leurs ateliers.

Dans la dernière séance du VIIe groupe, une médaille d'honneur avait été décernée à MM. Goupil et Cie; mais le conseil des Présidents venait de clore ses travaux, et ce vote a dû rester sans effet, au grand regret du groupe, qui a décidé que cette circonstance serait insérée dans ses procès-verbaux.

MM. Artaria et Fontaine (n° 95 A.), à Manheim (Bade). — L'établissement de MM. Artaria et Fontaine est le premier de l'Allemagne pour la publication des gravures et des lithographies. Ces éditeurs ne se bornent pas aux œuvres des artistes de leur pays, ils donnent des travaux à tous les talents de l'Europe, et les graveurs français ont beaucoup de leurs ouvrages inscrits au catalogue de cette maison importante. On reconnaîtra combien ce catalogue doit être riche, quand on saura qu'il comprend toutes les planches publiées pendant près d'un siècle séparément par deux fonds qui se sont réunis en un seul en 1819, et dont l'un, celui de M. Fontaine, remonte à 1740; l'autre, celui de M. Artaria, à 1760.

L'Union des Arts (n° 1176), à Londres (Royaume-Uni). — Fondée sur les mêmes bases et dans le même but que la Société des arts de Paris, l'Union des arts de Londres avait exposé une splendide collection d'objets d'art, bronzes, statuettes, sculptures et gravures. Celles-ci, dues aux plus habiles graveurs anglais, témoignaient en même temps et du goût des directeurs de cette société, et du talent des artistes qui lui avaient prêté leur burin.

Médailles de 2e classe.

M. J. Basset (n° 9070), à Paris (France). — La fondation de la maison Basset remonte à près d'un siècle; mais la gravure commerciale avait toujours été le principal but de cet établissement, plutôt que la grande gravure d'art. Aujourd'hui la direction donnée par M. Basset fils est devenue plus artistique, et les nouvelles publications religieuses et professionnelles qui dominent toujours dans ce riche magasin sont au niveau des progrès que l'industrie et les arts reproducteurs du dessin ont faits depuis quelques années. Comme importance commerciale, cette maison est une des premières de Paris.

M. D. Colnaghi (n° 1912), à Londres (Royaume-Uni). — M. Colnaghi avait envoyé au Palais de l'Industrie de très-belles épreuves, qui attestent le goût qui règne dans ses publications. Mais son commerce ne se borne pas à cette branche spéciale. La connaissance qu'il possède des anciennes estampes ouvre à son activité une double carrière, et donné à son exploitation une double importance.

MM. Graves et Cie (n° 1913), à Londres (Royaume-Uni). — Les cadres exposés par ces éditeurs comprenaient des gravures de diverses natures, dont l'aspect brillant et artistique faisait honneur et aux graveurs, et aux imprimeurs Dixon, Ross, Holgate et Mac-Queen, dont les presses les avaient tirées.

Mention pour mémoire.

Mme veuve Bouasse-Lebel et fils (n° 9074), à Paris (France). — Créé en 1843, l'établissement de Mme Bouasse-Lebel a pris en peu d'années les proportions d'une grande exploitation. L'activité de la direction, ainsi que la considération qui récompense toujours le travail et la loyauté, ont acquis à cette maison des relations aussi étendues qu'importantes, et aujourd'hui c'est un des premiers centres de commerce pour l'imagerie pieuse, et pour la sculpture, la tabletterie et la bijouterie à l'usage des maisons religieuses.

La médaille de 2e classe ayant été également accordée à Mme veuve Bouasse-Lebel et fils par la XXVe classe, ces exposants ne figurent ici que pour mémoire.

Mentions honorables.

M. Ch.-Guill. Ramdohr, éditeur de gravures et marchand d'estampes de la cour de Brunswick. — Plusieurs gravures exposées et, entre autres, des aquatintes, de belle exécution.

M. Brehon, à Paris (France), éditeur d'estampes et principalement de lithographies coloriées et repoussées en relief, a eu l'heureuse idée d'appliquer cette méthode à la représentation de divers objets d'histoire naturelle, fleurs, papillons, poissons, etc.; mais ce qui donne surtout à ce procédé un véritable caractère d'utilité pour l'étude, c'est le succès que son auteur en a obtenu pour l'imitation de l'ostéologie; une tête désarticulée, qu'on remarquait dans son cadre, était d'une vérité frappante.

ÉDITEURS DE CARTES GÉOGRAPHIQUES.

Ces éditeurs ayant été jugés et récompensés dans la VIIIe classe, nous renvoyons au Rapport de cette classe.

VI. — PUBLICATION DE LIVRES D'ART OU D'OUVRAGES ORNÉS DE GRAVURES, DE LITHOGRAPHIES, ETC.

Si l'éditeur qui publie des livres relatifs aux beaux-arts, ou des ouvrages scientifiques ou littéraires ornés d'estampes, a sur le progrès des arts une influence moins directe que l'éditeur d'estampes, il en a une certaine sur le mouvement intellectuel, moral et industriel, et ses titres aux récompenses dues à l'intelligence éclairée sont également incontestables. On ne peut nier qu'on n'ait vu quelquefois un libraire-éditeur réussir en dehors des conditions normales, mais c'est là une exception et un motif de plus pour encourager les hommes qui, dans cette profession, savent s'élever à la hauteur de leur mission et en comprendre les devoirs et la moralité. De justes récompenses, en signalant à la considération publique les hommes et les professions qui en sont dignes, deviennent des titres de noblesse qui tournent au profit de la société, car dans l'industrie comme dans les arts, dans le commerce comme dans la littérature et dans la science, noblesse oblige.

Médaille d'honneur.

Le Ministère du Commerce, de l'Industrie et des Travaux publics de Prusse (n° 1187). — Le Jury a examiné avec autant d'attention que d'intérêt la riche collection de gravures et de lithochromies tirées des publications que le Gouvernement prussien entreprend à ses frais pour le progrès des arts, de l'archéologie et de l'instruction professionnelle. Les ouvrages suivants ont été particulièrement remarqués :

1° *Modèles de dessins industriels pour les fabricants et les artisans*, 2 volumes grand in-folio, contenant une belle suite d'ornements d'architecture, de vases antiques, de petits monuments, et des meilleurs modèles pour les broderies et les étoffes;

2° *Édifices publics du Royaume de Prusse*, publication périodique des plans et dessins des grandes constructions, des machines et des travaux hydrauliques exécutés aux frais de l'État;

3° *Projets d'églises, de presbytères et d'écoles;*

4° *Travaux de la société pour l'encouragement de l'industrie en Prusse;*

5° *Journal général d'architecture.*

6° Enfin, les *Anciens monuments chrétiens de Constantinople*, dessinés et décrits par M. de Salzenberg.

En admirant, dans les dessins exécutés sur les lieux mêmes, par un architecte d'un grand talent, les plans et les détails de la magnifique basilique de Sainte-Sophie et des belles églises de Saint-Jean, de Sainte-Irène, de Saint-Serge, de la Mère de Dieu et autres monuments des premiers siècles du Christianisme, l'artiste et l'archéologue assistent à la transformation de l'art païen et à la naissance de ce nouvel art chrétien où le sentiment religieux, cherchant la source du beau par delà ce monde, remplaçait par l'inspiration la perfection antique de la forme terrestre.

Ce bel ouvrage est à l'histoire de l'architecture ce que sont à l'histoire de la peinture les *Catacombes de Rome*, publiées par le Gouvernement français.

Le Jury félicite les auteurs et les artistes qui prêtent le concours de leurs talents à ces importantes publications, dans lesquelles il se plaît à reconnaître le bon goût des modèles, la perfection des dessins et celle de la gravure et de la lithographie en même temps que l'exécution typographique. Il félicite surtout le Gouvernement prussien de la libéralité avec laquelle il encourage des travaux si propres à exercer l'influence la plus heureuse sur les progrès du goût et sur l'avenir de l'art et de l'industrie.

La médaille d'honneur, décernée au Ministère du commerce, de l'industrie et des travaux publics de Prusse, n'est pas seulement un juste hommage rendu à une administration protectrice des arts, elle sera aussi, le Jury en a l'espoir, un sujet d'émulation pour les autres Etats placés, comme la Prusse, au premier rang de la civilisation, et les engagera à suivre ce Gouvernement dans la voie libérale où il marche avec succès et que la France est fière d'avoir ouverte la première dès le siècle de Louis XIV [1].

Hors de concours.

M. Förster (n° 1201), à Vienne (Autriche), architecte du Gouvernement autrichien et professeur hono-

[1] La Calcographie du Louvre remonte à 1670. Dans le but d'encourager l'art du burin en France, Louis XIV fit graver par Edelink, Bernard Picard, les Audran, Séb. Leclerc, Israël Silvestre et les autres grands artistes de l'époque, les vues des palais royaux, les tableaux, statues, tapisseries et autres objets d'art qui décoraient ces résidences. Les fêtes et les batailles de son règne furent également représentées par ces habiles graveurs.

La Calcographie s'enrichit aussi, sous les successeurs de Louis XIV, de grandes planches, parmi lesquelles on distingue le sacre de Louis XV, les diverses fêtes de la cour, des portraits, des sujets religieux, historiques et militaires.

Après la révolution, cet établissement fut réorganisé en l'an IX; il reçut ensuite des gravures exécutées par les ordres de Napoléon, par exemple celles de son Sacre, la Belle Jardinière de M. le baron Desnoyers, etc.

En outre Napoléon affecta au Ministère de l'intérieur un fonds spécial pour l'encouragement des publications artistiques et littéraires. C'est cette dernière création qui existe aujourd'hui, sous le titre de *Souscriptions*, à la division des beaux-arts, du Ministère d'État et à la division des sciences du Département de l'instruction publique. Les autres ministères ont également des crédits destinés à des publications spéciales.

raire à l'École des beaux-arts de Vienne, a exposé la collection du *Journal d'architecture*, dont il est à la fois le rédacteur et l'éditeur, et qui forme aujourd'hui 20 volumes in-4° de texte et 20 volumes in-folio de planches.

Constamment tenu au courant de la science par son habile et infatigable éditeur, ce recueil périodique met chaque mois à la portée des architectes et des constructeurs des documents d'un haut intérêt. Les gravures qui y sont jointes sont exécutées avec soin, sur zinc, par des procédés qui sont particuliers à M. Förster et qui, tout en rendant cette gravure très-économique, permettent d'y donner à volonté la vigueur ou la délicatesse de la gravure sur cuivre.

Le mérite de la publication de M. Förster, et l'importance de son procédé de gravure, qui donne au zinc une application dans laquelle on avait peu réussi jusqu'ici, assuraient à cet artiste une haute récompense, s'il n'avait pas fait partie du Jury de la classe où ses produits devaient être jugés.

En remerciant M. Förster du sacrifice auquel il a consenti pour leur faire l'honneur de les présider, ses collègues lui expriment le regret de n'avoir pu lui décerner la récompense qu'il méritait à juste titre; ils lui expriment aussi le désir de le voir bientôt publier son journal en français comme en allemand.

Médailles de 1re classe.

M. César Daly (n° 9251), à Paris (France). — Auteur et éditeur, comme M. Förster, d'une revue périodique d'architecture, M. César Daly, l'un des architectes chargés par le Gouvernement français de la restauration des monuments de l'ancienne France, ne néglige ni soins ni sacrifices pour faire de cette publication un livre splendide en même temps qu'un ouvrage utile. D'une exécution irréprochable sous le double rapport des dessins et de l'exécution typographique, la *Revue de l'architecture et des travaux publics* est parvenue à sa treizième année, malgré les mauvais jours qu'elle a dû traverser et dont son auteur a su triompher par sa persévérance et son dévouement à la cause de l'art.

M. Desrosiers (n° 9256), à Moulins (France). — On connaît depuis longtemps les grandes publications qui ont valu à cet imprimeur de hautes récompenses dans les expositions quinquennales de l'industrie française. Au concours de 1855, M. Desrosiers n'a pu exposer qu'un spécimen d'un ouvrage dont il prépare la publication, la *Légende de saint Pourçain;* mais ce spécimen, riche chromolithographie, dont l'exécution n'est pas moins remarquable que le dessin, annonce que cette nouvelle publication de M. Desrosiers ne sera pas inférieure à ses aînées, et que cet habile éditeur soutient avec distinction la réputation que lui ont méritée comme imprimeur, comme lithographe et comme éditeur, les belles monographies de l'ancien Bourbonnais, de l'ancienne Auvergne et du Vélay.

MM. Charpentier père et fils (n° 9243), à Nantes (France), n'avaient pu, faute de place, exposer que les titres et quelques lithographies de leurs publications. Mis complets sous les yeux du Jury, ces ouvrages, et particulièrement *Nantes et la Loire-Inférieure*, ainsi que la *Normandie illustrée*, ont parfaitement justifié la réputation de ces éditeurs. Le premier ouvrage, publié de 1850 à 1851, forme 2 beaux vol. in-folio grand-raisin, ornés de 70 planches à deux teintes, dont les dessins et la lithographie ont été confiés à d'habiles artistes. Le deuxième, la *Normandie*, a paru de 1852 à 1855 dans les mêmes conditions d'exécution, et les lithographies y sont au nombre de 155. L'impression du texte est soignée, le papier, sorti des fabriques du Marais, est de premier choix.

Le Jury a constaté avec satisfaction que les publications de MM. Charpentier père et fils ont toujours été en s'améliorant. Il ne doute pas que, ce progrès se soutenant, MM. Charpentier, à la fois imprimeurs, lithographes et éditeurs, ne se placent bientôt, comme M. Desrosiers, de Moulins, et M. Mame, de Tours, sur la même ligne que les premiers éditeurs de la capitale.

M. Henri Keller (n° 24), éditeur, à Francfort-sur-le-Mein, a envoyé quatre ouvrages que le mérite du texte ainsi que le nombre et la perfection des gravures coloriées placent au rang des plus belles publications exposées au Palais de l'Industrie. On peut juger par les titres seuls de l'intérêt de ces ouvrages, destinés à propager la connaissance des arts au moyen âge :

1° Le *Livre des Tournois de l'empereur Maximilien Ier*, 11 livraisons in-f°, avec texte du docteur J. de Hefner et des gravures coloriées et rehaussées d'or d'après J. Burgkmaier père et fils.

Les originaux, exécutés par les ordres et sous les yeux de l'empereur Maximilien Ier, appartiennent au prince de Hohenzollern-Sigmaringen et étaient restés jusqu'ici inconnus aux artistes, comme le furent longtemps plusieurs autres ouvrages de Burgkmaier, qui n'ont été publiés que dans le siècle dernier.

2° *Ouvrages d'art et meubles du moyen âge et de la Renaissance*, 36 livraisons grand in-4°, avec gravures en taille-douce coloriées, et texte par MM. C. Becker et J. de Hefner.

3° Les *Empereurs d'Allemagne*, gravures coloriées, d'après les portraits de la salle des Empereurs dans l'hôtel de ville de Francfort, dit le Rœmer, avec des notices biographiques par M. Alb. Schott et le docteur C. Hagen, 26 livres in-f°.

4° *Costumes du moyen âge chrétien d'après les monuments contemporains*, par M. J. de Hefner Alteneck, 3 vol. grand in-4°, avec gravures en taille-douce coloriées.

L'importance historique et artistique de ces publications, véritables ouvrages de luxe, attestent dans M. H. Keller et dans M. Schmerbehr, son prédécesseur, un amour des beaux livres et un dévouement à l'art que le Jury a jugés dignes de récompense.

M. Ch. Muquardt (n° 680), à Bruxelles (Belgique) — L'établissement de M. Muquardt est un des plus importants de la Belgique, tant en raison des relations étendues qu'il entretient avec l'Allemagne que par la richesse de son catalogue. Au nombre des ouvrages qui, dans son exposition, ont attiré l'attention du Jury, on peut citer les *Monuments d'architecture et de sculpture* en Belgique, par Stappaerts, 2 vol. grand in-f° ornés de lithographies à plusieurs teintes; l'*Orfévrerie* et les *Ouvrages en métal du moyen âge*, par King, grand in-f° avec 100 planches gravées sur cuivre et coloriées; les *Monuments anciens trouvés en Belgique*, par Haghe, volume grand in-f°; l'*Ornithologie de la Belgique*, par Dubois, grand in-8°, dont il paraît 54 livraisons, et plusieurs autres publications importantes tant illustrées que purement scientifiques, littéraires ou d'érudition.

Réunion pour le perfectionnement des Métiers (n° 146 A), à Munich (Bavière). — Le but de cette société est suffisamment indiqué par son titre. La pensée de cette institution mérite autant d'être encouragée que ses publications sont dignes de récompense. Son journal ne peut qu'avoir une utile influence sur les progrès de l'industrie dans le royaume de Bavière.

Médailles de 2e classe.

Mme Barbier-Walbonne (n° 9350), à Paris (France). — Tous les artistes ont en haute estime l'ouvrage de feu M. Willemin, intitulé, *Monuments français inédits*, dont la publication a été commencée en 1806. La mort de l'auteur, en laissant inachevé ce vaste répertoire, si précieux pour l'histoire des arts, menaçait de priver l'archéologie française d'une des collections les plus instructives qui aient été publiées jusqu'ici. Mme Barbier-Walbonne, fille de M. Willemin, s'est courageusement dévouée à l'achèvement de l'œuvre de son père, et elle l'a terminé avec d'autant plus de succès, qu'artiste elle-même, elle avait, du vivant de l'auteur, travaillé avec lui à plusieurs livraisons et qu'elle possédait toutes ses traditions. Aussi le livre offre-t-il une parfaite harmonie entre les parties posthumes et celles qui avaient été exécutées sous la direction même de M. Willemin.

M. B. Bance (n° 9232), à Paris (France). — La maison Bance s'occupe depuis plus de cinquante ans de la publication des livres d'art et principalement des ouvrages relatifs à l'architecture et aux professions artistiques qui s'y rapportent. Son catalogue est riche en traités sur la décoration, l'ornement, la sculpture, l'ameublement, etc. Sans négliger l'ancien fonds de son père, dans lequel figurent une partie des grandes publications de l'Empire, M. Bance fils prend soin de se tenir au courant des travaux nouveaux, et l'*Encyclopédie d'architecture* de M. Calliat, le *Dictionnaire de l'Architecture française du XIe au XVIe siècle* de M. Viollet-le-Duc, le *Dictionnaire du Mobilier* de cet habile et savant architecte, suffiraient seuls pour assurer à M. Bance l'encouragement que lui décerne le Jury, si déjà ses publications antérieures ne lui étaient des titres acquis.

M. Dalmon, libraire-éditeur (n° 9369), à Paris (France). — Comme M. Bance consacre ses publications à l'architecture monumentale, religieuse ou civile, où l'art tient la première ligne, M. Dalmon a choisi pour spécialité les constructions où la science intervient avant l'art, les chemins de fer, les routes, les canaux, les travaux hydrauliques, les usines et toutes les branches du génie civil. L'extension que prend chaque jour son établissement s'explique par le nombre toujours croissant des grandes entreprises industrielles, et surtout par le choix des auteurs qu'il s'associe, par l'excellente et consciencieuse exécution de ses publications et par la considération qu'il a su mériter.

M. Dalmon est libraire du corps impérial des ponts et chaussées et du corps des mines.

M. J.-B. Baillière (n° 9231), à Paris (France). — Éditeur non moins actif qu'habile, M. Baillière, libraire de l'Académie de médecine, a présenté à l'examen du Jury un grand nombre d'ouvrages d'une haute importance. Sans négliger les beaux livres d'érudition scientifique dont ce libraire fait les frais, tels que l'*Hippocrate*, grec et français, de la traduction de M. Littré; l'*Oribase*, également grec et français, de MM. Bussemaker et Daremberg, le Jury a dû porter son attention sur les publications dont les lithographies et les gravures exigent plus particulièrement les soins de l'éditeur. Il a constaté des progrès toujours croissants dans l'exécution des ouvrages publiés par M. Baillière depuis sa *Grande anatomie pathologique* de M. Cruveilhier, 1830; les *Maladies des reins* de M. Rayer, 1839; l'*Ovulation spontanée* de M. Pouchet, 1847, jusqu'à l'*Iconographie ophthalmologique* de M. Sichel, 1852; les *Végétaux parasites sur l'homme*, par M. Robins, 1853; l'*Histoire naturelle des mollusques* de M. Moquin-Tandon, 1855, et enfin le *Traité d'anatomie pathologique* du docteur Lebert, ouvrage dont les planches, gravées en taille-douce et coloriées avec grand soin, rivalisent avec tout ce qui a paru jusqu'ici de plus parfait en ce genre. Parmi plusieurs livres où les nombreuses gravures en bois imprimées dans le texte en éclaircissent les explications, le *Dictionnaire de Médecine et de Chirurgie* de Nysten mérite d'être cité pour les améliorations notables qu'il a reçues dans la dixième édition de 1855.

Mentions honorables.

M. Pillon, Paris (France), pour la *Vie de N. S. Jésus-Christ*, avec figures en taille-douce.

M. Gennaro Riccio (n° 69), États-Pontificaux. — M. G. Riccio, savant numismate napolitain, avait envoyé son dernier ouvrage *Catalogo di antiche medaglie consolari e di famiglie romane*, volume in-4°, de 230 pages, plus 6 planches. Si le Jury avait eu mission de récompenser la science, nul doute que l'auteur qui a déjà reçu deux fois de l'Institut de France le prix de numismatique fondé par M. Allier d'Auteroche n'eût eu droit à une haute récompense, mais la Commission n'avait à se prononcer que sur l'exécution matérielle du volume et cette exécution, très-satisfaisante du reste pour l'étude, n'avait de remarquable, sous le rapport de l'art, que le mode nouveau de représentation dont les 6 planches de médailles qui terminent le volume offrent l'essai.

Dans ces planches, les médailles sont représentées en relief, au moyen d'estampages opérés sur des épreuves des pièces mêmes reproduites par la galvanoplastie. Malheureusement le papier porcelaine trop épais dont on a fait usage n'a pas permis à la pression d'exprimer toutes les finesses des originaux, et la couche métallique d'or, d'argent ou de bronze étendue sur les dessins pour en compléter l'imitation, a souvent dépassé les contours extérieurs des pièces et a généralement altéré la netteté des reliefs.

Le Jury félicite M. Riccio de la pensée qu'il a eue d'appliquer à la numismatique ce mode de représentation en relief, et il invite ce savant à faire l'essai d'un papier moins fort. La perfection que ce procédé a atteinte dans la lithographie de M. Omer-Henri, à Paris, pour la reproduction sur papier de la grande médaille d'or de l'Exposition, donne lieu d'espérer que les planches de M. Riccio pourront obtenir la même réussite.

B. — GRAVURE DES CYLINDRES POUR IMPRESSION SUR ÉTOFFES [1].

L'art de la gravure sur cylindres pour l'impression des étoffes a fait de très-grands progrès depuis quelques années. Réduits pendant longtemps à ne produire que de petits dessins, qu'on gravait sur poinçon et qu'on enfonçait au mouton, ces cylindres ne donnaient que des impressions peu délicates.

A la gravure au poinçon est venu se joindre le poinçon-molette, puis la molette, avec laquelle on a fait et on fait encore des dessins de toutes dimensions, qui jusque-là avaient été déclarés impossibles à obtenir.

Puis on a essayé le tour à guillocher, dont le règne n'a pas été de longue durée pour ce genre de travail, parce que les hommes qui l'ont employé à cette époque ne l'avaient pas bien compris; ils n'avaient pas aperçu tout le parti qu'on pouvait en tirer en l'employant seul, et la révolution qu'il devait opérer dans la gravure sur cylindres en joignant son action aux agents chimiques et physiques.

Médaille d'honneur.

Il était réservé à un Anglais, M. Lockett, de Manchester, de faire sortir le tour à guillocher, cet admirable instrument, de l'oubli dans lequel nos graveurs sur cylindres l'avaient laissé.

M. Lockett ne s'est pas contenté de faire revivre cette application en obtenant des effets jusque-là inconnus; il opère simultanément avec le tour à guillocher et les acides pour produire des gradations de nuances, en couvrant d'un vernis les parties gravées

[1] Cette partie du rapport, jusqu'à la page 97, est due à M. Barbet, de Rouen. L'examen des cylindres avait été confié à une commission mixte composée de MM. Barbet de la XIXe classe, Persoz de la Xe et Merlin de la XXVIe.

ou non gravées, pour empêcher que sur ces parties l'acide n'ait de l'effet, ce qui donne avec un seul cylindre une variété de nuances qu'on n'obtenait que très-difficilement avec plusieurs.

Il emploie aussi avec un grand succès l'appareil numismatique.

Un homme aussi habile, qui a su tirer un si grand parti de tous les moyens qui pouvaient faire progresser son art, ne pouvait rester indifférent aux merveilleuses applications de l'électricité; aussi a-t-il de suite cherché à utiliser la galvanoplastie pour obtenir des effets nouveaux. Avec son aide, il en a produit qui ouvriront une nouvelle voie à la gravure, en fournissant aux imprimeurs les moyens d'obtenir, avec une grande variété, des dessins et des tons qu'on ne pouvait faire qu'avec des dépenses considérables.

Au moyen des machines dont il dispose, M. Lockett compose des dessins sans le secours des dessinateurs. De pareils résultats lui ont acquis une juste renommée; ses produits sont recherchés par tous les imprimeurs du monde, tous sont ses tributaires. Il emploie dans ses ateliers environ 200 ouvriers graveurs, etc., qui entretiennent et font marcher 50 tours à graver et à guillocher.

Médailles de 1re classe.

La France a des graveurs habiles qui, dans des ateliers moins considérables, parce qu'ils ne disposent pas de très-grands capitaux et parce que leurs relations ne sont pas aussi étendues, ont également fait progresser leur art.

Plusieurs ont exposé.

MM. Bentz et fils (n° 9071), à Déville, près Rouen (France), présentent un cadre contenant des empreintes de dessins qu'ils ont exécutés à la molette, au poinçon-molette, au poinçon, à l'eau forte et à la main, pour des imprimeurs sur indiennes et sur étoffes à meubles, de Rouen et des environs.

La gravure en est bonne, les divers tons en sont habilement combinés pour produire les effets recherchés.

Ils exposent aussi deux cylindres gravés; les épreuves qui les accompagnent ne laissent rien à désirer; les traits fins comme ceux qui sont forts, ainsi que les parties blanches, ressortent parfaitement et justifient la réputation que ces graveurs ont acquise.

Ces deux cylindres ont été gravés par des moyens tout différents : le premier, qui porte un bouquet avec des parties blanches et d'autres foncées, de divers tons, a été exécuté avec la machine à guillocher et à l'aide de l'eau forte, après que des parties du cylindre ont été recouvertes de vernis pour empêcher l'action de l'acide. Les divers tons obtenus sont vigoureux et heureusement fondus; les effets blancs de la fleur et ceux qui sont plus ou moins foncés ressortent bien sur le fond, sans accuser de dureté, comme cela se remarque souvent.

Sur le second cylindre, on a gravé d'abord un petit dessin dit *passe-partout;* puis, au moyen de la galvanoplastie, on a fait disparaître par places une partie de la gravure en y précipitant du cuivre, et on a produit des effets blancs en colonnes qui se détachent convenablement sur le reste du dessin primitif.

Si le cuivre, déposé dans la gravure des cylindres par l'électricité, y reste adhérent, ce procédé aura encore l'immense avantage de diminuer la dépense du matériel des fabriques : lorsqu'un dessin ne sera plus à la mode, au lieu d'enlever la gravure pour en faire une autre, il suffira de boucher les parties creuses au moyen de la galvanoplastie, puis de passer une pierre du levant pour unir le cylindre. De cette manière le diamètre n'en sera pas diminué.

L'expérience seule apprendra si ce résultat est atteint.

Au nom de MM. Feldtrappe frères (n° 9092), à

Paris (France), on trouve un cadre d'empreintes de dessins qu'ils ont exécutés et deux cylindres gravés.

Ces gravures sont bien soignées, les eaux fortes sont remarquables, elles produisent facilement et avec une rare perfection les tons les plus clairs et les plus foncés.

Il ne paraît pas possible de pousser plus loin ce genre de gravure. Les effets obtenus par les molettes attestent que ces graveurs comprennent très-bien toutes les parties de leur art.

MM. Hanriot et Gaiffe (n° 6296), graveurs sur cylindres, à Paris (France), soumettent à l'examen du Jury deux cylindres gravés et les empreintes de dix-neuf dessins pris parmi ceux qu'ils ont exécutés depuis plusieurs années à la main, à la molette et au poinçon-molette.

A l'examen de ces épreuves, on reconnaît que ces graveurs connaissent les ressources de leur art, et qu'ils savent en tirer tout le parti possible; les picots, les lignes fines et fortes, ainsi que les masses, sont parfaitement détachés, et attestent le mérite de ces artistes. La gravure des deux cylindres est aussi très-bien exécutée; sur l'un, ces exposants, après une gravure passe-partout, ont aussi, au moyen de la galvanoplastie, précipité du cuivre de manière à produire un effet blanc très-mat, destiné à recevoir un second rouleau, dont le dessin, gravé à la main, viendra tomber exactement sur ces parties du passe-partout recouvertes de cuivre, et permettra d'obtenir sans difficulté des effets auxquels il eût été impossible de parvenir autrement sans de grandes dépenses de gravure.

Tous les genres de gravure sont exécutés dans les ateliers de MM. Hanriot et Gaiffe.

Médaille de 2e classe.

M. Carlier jeune (n° 9076), à Rouen (France), a exposé des gravures dont le mérite témoigne également d'une grande habileté, et le Jury, en lui donnant la médaille de 2e classe, ne doute pas qu'à la prochaine exposition M. Carlier ne se place au premier rang.

GRAVURE MÉCANIQUE DES CYLINDRES.

Médaille de 1re classe.

L'importance toujours croissante de la gravure sur cylindres ne pouvait manquer d'appeler l'attention des mécaniciens. M. Cripps (n° 296), à Londres (Royaume-Uni), a présenté une machine ingénieuse dont l'emploi pourra devenir d'un grand secours pour cette industrie.

Le Jury décerne à M. Cripps une médaille de 1re classe.

C. — GRAVURE AU BURIN POUR LA BIJOUTERIE.

Comme la gravure pour vignettes, la gravure sur métaux destinée à la bijouterie s'exécute soit à la main par le burin, soit à la pointe par le guillochage, le tour à portraits et autres moyens mécaniques. Lorsque les tailles en doivent être remplies d'une matière colorée qui s'y fixe à l'aide du feu, et qui rend le dessin sur le métal en traits ombrés, comme le rend sur le papier l'encre déposée par l'impression, c'est un niellage dont les procédés de gravure sont les mêmes que pour la taille-douce; mais lorsque ces traits doivent rester vides, et que ce n'est plus une couleur déposée dans les creux qui donnera le dessin, ses demi-teintes et ses ombres, c'est alors la lumière elle-même qui, se reflétant dans les tailles et s'y modifiant de diverses manières, doit produire sur l'œil, en y arrivant sous des angles différents, des effets analogues à ceux que produisent sur le papier l'opposition de la couleur noire et du blanc et les dégradations qui les séparent. Cette condition nouvelle exige du graveur un travail assez différent de celui de la vignette. Généralement plus larges et plus profondes, les tailles doivent présenter à la lumière

9

des angles dont les ouvertures, les inclinaisons et les directions soient combinées de manière à la renvoyer à l'œil dans les conditions nécessaires pour produire tous les effets désirés.

Toute de sentiment et d'intelligence, cette gravure ne peut se produire par des moyens mécaniques, elle est due au burin conduit par la main, et l'on comprend combien cette main doit être habile pour réussir.

C'est surtout en Suisse que cette branche de l'art de graver est cultivée avec succès; les boîtes de montres et les bijoux y sont décorés avec de petits tableaux de ce genre qui sont souvent de véritables œuvres d'art.

Quant aux guillochés, aux rosaces, aux ornements obtenus par les procédés mécaniques, ils s'appliquent sur des bijoux de valeur secondaire, et rentrent dans les travaux de la bijouterie et de l'orfévrerie, avec la ciselure, le damasquinage et les autres procédés de cette nature.

Médaillés de 2e classe.

M. Dubois (n° 413), à la Chaux-de-Fonds (Confédération Helvétique). — Une chasse au cerf, un château (sur une montre) et plusieurs sujets de genre heureusement traités, attestaient le mérite du burin de ce graveur.

M. Grandjean-Perrenond (n° 414), à la Chaux-de-Fonds (Confédération Helvétique). — Dans l'exposition de cet artiste, on remarquait deux genres de gravure distincts, d'abord une forêt, sujet en largeur sur une plaque dorée, gravée au burin, dans le même genre que les pièces de l'exposant précédent et avec un égal talent; puis deux boîtes de montres représentant les deux hémisphères terrestres. Ces dernières gravures étaient des tailles-douces dont les traits, d'une grande finesse, avaient été rendus visibles par un niellage de couleur verte.

M. Fritz Kundert (n° 417), à la Chaux-de-Fonds

(Confédération Helvétique). — M. Kundert avait exposé plusieurs boîtes de montres gravées au burin, dont une représentait une Sainte Famille, une autre Christophe Colomb. Une petite planche dorée, de quelques centimètres de hauteur, offrait un arbre d'une perfection remarquable.

Mentions honorables.

M. Knecht (n° 416), à Glaris (Confédération Helvétique). — Pour une petite vignette sur métal représentant un monument, et dont tous les traits étaient figurés par de légers fils de laiton creux et d'une extrême délicatesse.

M. Patton (n° 418), à la Chaux-de-Fonds (Confédération Helvétique). — Pour la perfection de sa gravure de lettres à l'usage de l'horlogerie et de la bijouterie.

II. GRAVURE MODELÉE EN CREUX OU EN RELIEF SUR MATIÈRES DURES.

La gravure ne se borne pas à tracer sur une surface plane des tailles propres à reproduire des dessins ou des tableaux par le moyen de l'impression ou par le jeu seul de la lumière ; elle sait varier ses procédés comme ses effets, et, rivale parfois de la sculpture, elle produit ces reliefs et ces creux modelés qui nous donnent les médailles, les camées, les cachets. Cette sculpture en miniature était parvenue chez les Anciens à un haut degré de perfection, et la numismatique et la glyptique de l'antiquité nous ont transmis des chefs-d'œuvre que l'on ne cessera d'admirer tant que le goût des arts ne sera pas éteint.

C'est cet art qui a donné naissance à la ciselure et au repoussé ; c'est de lui que plus tard est venu l'estampage, procédé de reproduction qui est à la gravure en relief modelée ce que l'impression est à la taille-douce ou à la taille de bois. Dans les deux procédés, l'intervention de la pression est nécessaire, moins forte dans l'impression qui se reproduit par de l'encre, très-puissante dans l'estampage qui agit sur une lame de métal, de cuir, de carton ou de toute autre matière devant subir ainsi un changement de forme.

La gravure pour médailles et la gravure sur pierres fines appartiennent aux beaux-arts, mais leurs procédés sont entrés aujourd'hui dans l'industrie pour les bijoux, les camées, les armoiries, les cachets, les boutons de livrée et pour divers objets de décoration.

Concurremment avec cette gravure modelée, qui s'obtient, soit à l'aide du touret, de la molette et de la poudre de diamant, soit à l'aide du burin qui sculpte un poinçon en relief, concurremment avec la ciselure, le damasquinage et les divers autres modes de reproduction des dessins, on emploie aussi la gravure au burin pour l'ornementation de l'orfévrerie, de la bijouterie, de l'arquebuserie, de la tabletterie et d'autres industries qui lui demandent des chiffres et des armoiries, des sujets religieux, comme des sujets militaires ou de chasse.

Nous avons réuni les graveurs qui, pour la décoration, mettent en usage ces divers procédés ainsi que les méthodes abréviatives fournies par la mécanique et la chimie.

Médailles de 1re classe.

M. A.-E. Chevalier (n° 9078), à Paris (France), a exposé des jetons, des médailles et des boutons armoriés gravés avec talent. Le Jury a distingué surtout ses clichés des revers de monnaies espagnoles.

M. Birnboeck (n° 142 B), à Munich (Bavière). — Les sceaux et les armoiries qu'avait envoyés cet exposant révèlent autant de goût que d'habileté.

Médailles de 2e classe.

MM. Jardin et Blancoud, à Paris (France). — Habiles graveurs sur métaux et sur pierres, pour armoiries, attributs, cachets, etc., MM. Jardin et Blancoud ont pensé avec raison qu'ils abrégeraient leur travail et pourraient réduire leurs prix en appelant à leur aide les agents chimiques, à l'exemple des graveurs en taille-douce qui tirent si grand parti de l'eau forte. Mettant donc à profit la propriété reconnue depuis longtemps à l'acide fluorique d'attaquer les matières siliceuses, ils gravent par ce moyen le verre, la cornaline et autres pierres, ainsi que la porcelaine et l'émail. Une lettre sur cornaline qui, par le procédé ancien du touret et de la molette, coûte deux francs, ils la gravent facilement pour moitié, et quand, sur les cadrans d'émail, le nom de l'horloger se payait à raison de 50 centimes chaque lettre, ils le font tout entier avec le nom de la ville, pour le prix d'une seule lettre. Ils peuvent même maîtriser l'acide, au point d'obtenir une morsure plus large dans le fond qu'à la surface, de manière à produire par la dorure des damasquinages solides et des effets inattendus s'ils agissent sur le verre.

M. Marrel jeune (n° 5036), à Paris (France). — Graveur et sculpteur sur métaux, M. Marrel avait dans sa vitrine plusieurs médailles dont le dessin et le modelé ne laissaient rien à désirer.

M. le Mis et M. le Cte Muti-Pappazurri-Savorelli (n° 38), à Rome (États-Pontificaux). — La table de marbre que ces exposants avaient envoyée offrait une belle suite de médaillons contenant des sujets tirés du Dante et gravés en creux par un procédé indiqué sous le nom de lithoglyphie. Cette gravure, dont les auteurs n'ont pas fait connaître le principe, mais qui a paru au Jury produite par l'action des acides, avait donné de beaux résultats.

M. Ach. Collas avait exposé aussi une grande

table de marbre gravée par sa machine pantographique, décrite page 51.

Mentions honorables.

M. L.-Ed. Decourcelle (n° 9083), à Paris (France), pour la bonne exécution de ses gravures de cachets, armoiries, attributs, etc.

M. J. Peel (n° 1688), à Pudsey (Royaume-Uni), pour ses médaillons gravés au tour sur marbre, bois, charbon, etc.

III. INDUSTRIES DIVERSES

SE RAPPORTANT À LA GRAVURE ET AU DESSIN.

Médailles de 1re classe.

M. Adrien Gavard (n° 8984), à Paris (France). — Le nom de M. Gavard est déjà connu dans les arts graphiques par le diagraphe de M. Charles Gavard, instrument auquel on doit en partie la grande publication des tableaux des galeries de Versailles.

Le diagraphe est un heureux perfectionnement du pantographe perspectif inventé par l'architecte Roland le Virlois, qui en donne la description et le dessin dans son *Dictionnaire d'architecture*, au mot *Pantographe*. Dans les mains de M. Charles Gavard, ce pantographe perspectif a pris une puissance et une justesse qu'il n'avait pas sans doute quand Roland le fit exécuter, en 1758, pour l'amusement des enfants de France.

Aujourd'hui le diagraphe de M. Charles Gavard est devenu d'une application plus étendue encore, d'un maniement plus facile et d'un résultat plus précis, au moyen de quelques dispositions nouvelles données à la lunette par M. Adrien Gavard, et surtout par la perfection avec laquelle ce mécanicien exécute toutes les parties de l'instrument.

Mais M. Adrien Gavard ne borne pas ses travaux au diagraphe; il construit, avec la même perfection et la même intelligence des principes et des effets de ses instruments, le pantographe ancien et le pantographe carré, qui sont d'un usage bien plus répandu encore que le diagraphe.

Inventé par le jésuite Scheiner, qui en publia la description en 1631, le pantographe est un instrument destiné à copier un dessin, soit dans les dimensions de l'original, soit en le réduisant ou l'amplifiant. Deux équerres à pivots, dont l'une est d'une longueur double de l'autre, sont superposées à angles opposés, et l'extrémité de chaque branche de la petite équerre est fixée au milieu de la branche correspondante de la grande, de façon que les quatre points de jonction sont à égale distance l'un de l'autre. Il en résulte un carré dont deux côtés sont prolongés au dehors, et, comme les jonctions sont des pivots, les divers mouvements qu'on imprime à l'instrument font prendre, aux quatre côtés parallèles, toutes les positions qui constituent les parallélogrammes équilatéraux.

Par l'effet du parallélisme des règles, un crayon, placé sur une de celles-ci, répétera les formes d'un dessin que tracera une pointe placée sur la règle parallèle, et selon les distances qui sépareront la pointe, le crayon et le pivot sur lequel joue l'instrument, la figure tracée, tout en conservant la forme du dessin à calquer, aura des dimensions proportionnelles à ces distances, comme nous le voyons dans les mouvements du compas de proportion.

Le pantographe carré fondé sur les mêmes principes du parallélisme des côtés et de la proportion des distances du crayon, de la pointe et du pivot, offre cette différence qu'une des quatre règles glissant à charnière par les deux extrémités sur les deux règles qui ne lui sont pas parallèles, peut se rapprocher ainsi de la règle qui lui est opposée, d'où résultent toujours des parallélogrammes divers, mais qui ne sont plus équilatéraux. Cette disposition complique, il est vrai, l'instrument, mais elle lui donne plus de champ et un maniement plus commode.

Du reste, dans les deux formes d'instruments, le pivot, le crayon et la pointe à calquer, doivent toujours faire les trois points d'une même ligne droite au moment où on les fixe sur les angles.

On comprend dès lors combien il est important que les règles soient dans un parallélisme constamment parfait, le moindre défaut à cet égard déformant la figure.

C'est vers ce but que les efforts de M. Adrien Gavard se sont dirigés, et la précision de ses instruments lui a valu la clientèle du dépôt de la guerre.

Le Jury, considérant les services que M. Adrien Gavard rend aux arts graphiques, tant par la perfection de ses diagraphes et de ses pantographes, que par la modération des prix auxquels il les établit, lui a décerné la médaille de 1re classe.

M. G.-H. Godard (n° 9096), à Paris (France), avait exposé, dans l'Annexe, des planches de cuivre et d'acier d'une très-grande dimension et dont le beau poli et la perfection d'exécution attestent la supériorité des ateliers de ce planeur.

Mention honorable.

M. Maubert-Hulbert (n° 1405), à Paris (France). — Ouvrier imprimeur en taille-douce, M. Maubert-Hulbert a exposé un modèle en petit d'un atelier d'imprimerie en taille-douce, avec tous les ustensiles qui en dépendent. Outre la perfection remarquable de toutes les pièces de cette miniature, l'ensemble et les détails témoignent de l'amour de cet exposant pour son art et de la connaissance approfondie qu'il en a.

IV. CARTES À JOUER.

CONSIDÉRATIONS GÉNÉRALES.

S'il est facile de se rendre compte de l'immense consommation des objets de première nécessité, si l'on comprend encore celle des choses de luxe qui flattent la vanité ou contribuent au confortable, il est difficile de s'expliquer comment l'usage des cartes à jouer, qui ne semble pas remonter en Europe à plus de 500 ans, et qui ne contribue ni à l'instruction ni au bien-être réel, a pu se répandre dans toutes les parties du monde avec une telle universalité que les cartes se trouvent placées aujourd'hui, par l'étendue de leur consommation, au rang de ces objets superflus que la civilisation a rendus choses si nécessaires.

Interrogez tous les voyageurs : partout ils ont vu jouer aux cartes. Sur tous les points du globe où l'Européen a pénétré, les cartes l'ont suivi, dans le sac du soldat, dans les malles du touriste, dans les colis du négociant, et l'on pourrait juger, par la forme de ses cartes et par la nature de ses jeux, de quelle nation européenne l'Indien a reçu sa première civilisation et ses premiers vices; car la passion du jeu a été donnée à l'Amérique par l'Europe en échange de son abrutissante fumée.

C'est au philosophe à expliquer le phénomène de la rapide propagation des cartes, et à rechercher s'il est dû à la cupidité ou à ce besoin d'émotions qui semble remplacer, chez les peuples blasés, l'amour du merveilleux si naturel aux nations jeunes encore, et si général à l'Europe du moyen âge. Ce que les cartes coûtent par jour à la société d'heures déplorablement perdues et d'argent follement prodigué, nous laissons à la statistique le soin de le calculer et de nous dire en même temps ce qu'elles causent de ruines, de suicides et de crimes. Ne pourrions-nous pas demander aussi au moraliste comment ces petits cartons grossièrement dessinés se sont ligués avec la fumée du sauvage américain pour asphyxier, dans la société française, cet esprit de conversation et cette politesse de mœurs qui firent jadis de notre vieille France le pays classique de l'urbanité?

Pour nous, dont la mission n'est de considérer les cartes que sous le point de vue industriel et commercial, nous n'aborderons pas ces considérations étrangères à notre but, et nous ne prendrons même de l'histoire des cartes que ce qui pourra projeter quelque lumière sur les faits que nous avons à exposer.

L'origine des cartes à jouer est entourée d'épaisses ténèbres. L'érudition, en s'éveillant tardivement sur ce sujet, a permis au temps de détruire les monuments qui pouvaient nous éclairer, et maintenant, faute de guides historiques, elle s'abandonne aux rêves de l'imagination, au risque de s'égarer dans les voies du roman.

Ainsi, aujourd'hui qu'il est à la mode d'attribuer tout à l'Orient, l'on veut, à grand renfort de conjectures, trouver dans ces contrées le berceau des cartes à jouer. Un chroniqueur italien de la fin du XIVe siècle, Nic. de Covelluzzo, cité par un historien de Viterbe, dit qu'en 1379 le jeu de cartes fut apporté dans cette ville, venant du pays des Sarrasins (*de Seracinia*), où il est appelé *naib*, et sur cette citation, dont personne peut-être n'a vérifié l'exactitude, on nous affirme que l'invention des cartes est arabe, oubliant qu'aucun monument ne vient à l'appui de cette assertion, et que, de plus, la loi de Mahomet interdit formellement aux vrais croyants toute représentation de figures humaines, ainsi que tout jeu de hasard.

Pour d'autres, c'est de l'Hindoustan que les cartes nous viennent en droite ligne, apportées par cette tribu nomade qui, chassée de l'Inde au XIIe siècle, s'est répandue dans toute l'Europe, mendiant, pillant et prédisant l'avenir sous les noms de *Bohémiens*, d'*Égyptiens*, de *Gitanos*, etc.

Cette opinion ne songe pas que c'est par l'inspection des lignes de la main que, dans l'Inde, se dit la bonne aventure[1]; que la divination par les cartes est une invention qui n'a peut-être pas 200 ans d'existence[2], et que celle qui se fait par les tarots est toute récente et fut imaginée, vers 1775, par Alliette, qui en avait puisé l'idée dans les rêves hermétiques de Court de Gébelin. Or, voici la logique de ce système : Les bohémiens de Paris disent la bonne aventure par les cartes, donc les bohémiens de l'Inde ont dû la dire par le même moyen, donc les cartes nous viennent de l'Inde. Les cartes se nomment en Espagne *naypes*, en Italie *naïbi*, or le mot *nabi* signifie prophète en arabe, comme dans les autres langues sémitiques, donc les cartes sont une invention *indienne*.

Ajoutons que les cartes venues de l'Hindoustan, que nous avons sous les yeux, sont des peintures persanes et nullement de style hindou; ce sont de petites rondelles de toile laquée et vernie, au nombre de 96, di-

[1] Voir Dubois, *Mœurs de l'Inde*; t. Ier, p. 75.

[2] Le seul livre du XVIe siècle qui, par son titre, semble avoir quelque rapport à ce genre de prédiction : *Le ingeniose sorti di Franc. Marcolini da Forli; Venetia*, 1540, in-fol., est un jeu d'esprit composé de demandes et de réponses, celles-ci en vers, comme les *Oracles des sibylles* de Commiers.

visées en 8 séries de 12, n'ayant chacune que 2 figures, le roi et le vizir.

Une troisième opinion nous apporte les cartes de la Chine. S'il est vrai, comme l'affirme Abel-Rémusat, qu'elles furent inventées dans le Céleste Empire l'an 1120 de notre ère, et que vingt ans plus tard elles y étaient déjà généralement répandues, l'introduction des cartes en Europe par la Chine serait plus soutenable; mais cependant quel rapport trouvera-t-on entre les cartes chinoises, petites fiches de 9 centimètres au plus de longueur sur 12 à 15 millimètres de largeur, et les premières cartes européennes, hautes de 18 centimètres et larges de près d'un décimètre, entre ces grandes et belles peintures et ces petits grimoires, qui semblent tracés pour être vus au microscope?

Que les cartes aient été inventées en Chine, soit; mais si ce sont elles qui sont venues en Europe, convenons qu'elles ont bien changé sur leur route.

Qu'on nous permette donc de reléguer l'origine orientale des cartes à côté des rêveries de Court de Gébelin, tant qu'on ne nous aura pas présenté des monuments authentiques, des citations concluantes et des arguments sérieux.

L'origine orientale écartée, il reste encore et la question de date et la question de priorité entre les quatre contrées de l'Europe qui prétendent à cette invention.

Nous ne nous chargerons pas de juger ces grands procès, dont l'instruction est loin d'être complète dans l'état actuel de l'érudition historique relative à ce sujet; nous nous bornerons à quelques réflexions suggérées par l'examen des cartes qui se fabriquent encore de nos jours.

Les cartes en usage aujourd'hui dans toute l'Europe,

et dans les autres contrées qui ont accepté la civilisation européenne, peuvent se distinguer en deux classes. l'une, que nous désignerons sous le nom de *cartes numérales*, est celle dont le jeu complet se compose de 52 cartes, divisées en 4 séries contenant chacune trois figures, roi, dame et valet, ou roi, cavalier et valet, plus 10 cartes sans figures, se distinguant par des points depuis 1 jusqu'à 10; l'autre classe est celle des *tarots*. 78 cartes forment ce dernier jeu; ce sont d'abord 56 cartes présentant un jeu qui ne diffère des cartes ordinaires que par l'addition d'une figure à chacune des quatre séries, ce qui donne à chaque couleur un roi, une dame, un cavalier et un valet. Les 22 autres cartes qui complètent le tarot, et que l'on nomme *atouts*, sont des figures dont l'une représente un fou, et les autres des sujets qui, dans les jeux allemands, sont variés à la fantaisie du fabricant, et portent un grand numéro d'ordre en chiffres romains. Pour les tarots restés fidèles au type primitif, ces figures sont des personnages ou des sujets allégoriques portant un nom explicatif et dont l'ordre, marqué également par des chiffres romains, est le même en Italie, en France, en Suisse, etc. Comme ces types ont de l'intérêt pour l'histoire des cartes, il est nécessaire de les faire connaître :

Le fou (sans numéro); n° I, le bateleur; II, la papesse; III[1], l'impératrice; IV, l'empereur; V, le pape; VI l'amoureux; VII, le chariot; VIII, la justice; IX, l'ermite; X, la roue de fortune; XI, la force, XII, le pendu; XIII, la mort; XIV, la tempérance; XV, le diable; XVI, la maison Dieu (ou la foudre); XVII, l'étoile; XVIII, la lune; XIX, le soleil; XX, le jugement dernier; XXI, le monde.

[1] Dans les tarots de Besançon le pape et la papesse sont remplacés par Jupiter et Junon. Le tarot de Marseille n'offre pas ce changement.

Un tarot un peu différent, pour les atouts, de celui que nous venons de décrire, est le *tarocchino* de Bologne, inventé dans cette ville par François Anteminelli Castracani Fibbia, prince de Pise, né en 1360, et mort en 1419, après avoir été généralissime des armées bolonaises. Ce jeu, suivant Cicognara[1], ne contient pas les cinq atouts représentant le pendu, le roi, la reine, le pape et la papesse. Ces figures y sont remplacées par le traître et les quatre Maures.

Il existe aussi un jeu florentin, les *minchiate*, qui appartient à la classe des tarots. Il se compose de 97 cartes. C'est le premier des tarots ci-dessus, auquel, dans les atouts, on a ajouté 19 cartes, savoir : les 12 signes du zodiaque et 7 autres figures, que nous croyons être l'espérance, la prudence, la foi, la charité, le feu, l'eau et la terre; car les *minchiate* ne portant pas, comme les tarots, les noms des objets allégorisés, il y en a quelques-uns dont le sujet est assez incertain. Le pape, la papesse et l'impératrice ne figurent pas non plus dans cette suite, mais on y voit, outre l'empereur, deux têtes couronnées, sans doute un roi et un duc.

Les cartes n'ont pas toujours été condamnables, elles ont eu leur âge d'innocence[2]. Ce temps a-t-il duré beaucoup? Nous l'ignorons. Ce que nous savons, c'est qu'en 1397 nous voyons apparaître en France une ordonnance du prévôt de Paris, qui les défend, ainsi que d'autres jeux, les jours de travail aux gens de métier; en Allemagne, une autre prohibition de la même année se trouve, dit-on, dans le registre de la ville d'Ulm, dit le livre rouge, et le synode de Langres les

[1] Cicognara, *Memorie per servire alla storia della calcografia.* Prato, 1831, in-8°, et atlas, in-fol., pages 137 et 138. Peut-être au lieu du roi et de la reine, Cicognara a-t-il voulu dire l'empereur et l'impératrice.

[2] *Études historiques sur les cartes à jouer*, par M. Leber, in-8°, p. 47.

interdit en 1404 aux ecclésiastiques. Depuis ce moment l'autorité civile et religieuse les a poursuivies à outrance.

Cependant lorsque parurent ces premières défenses, les cartes existaient déjà depuis près de vingt ans au moins, si l'on accepte le témoignage de Covelluzzo, qui fixe à 1379 leur introduction à Viterbe. Dans tous les cas, il est certain qu'elles étaient connues en 1392, puisque Jacquemin Gringonneur, suivant le compte de Poupart, argentier de Charles VI, en avait peint trois jeux pour *l'esbatement* de ce roi; qu'en 1393 Jean Morelli, dans sa chronique, conseille à un jeune homme de ne pas jouer au *zara* ou à tout autre jeu de dés, mais aux jeux qui conviennent aux enfants, aux osselets, à la toupie, aux fers, aux *naïbis*.

Les cartes, les *naïbis*, furent donc jusqu'en 1397 un jeu sans danger, et probablement il y eut encore après cette époque un jeu de cartes permis, en même temps qu'il y en avait un autre que la morale et la religion réprouvaient.

Quelles étaient les cartes prohibées? C'étaient nos cartes actuelles, c'étaient aussi les tarots décrits plus haut, car ces jeux sont des jeux à points, conséquemment des jeux de hasard, puisque c'est par les points que la carte devient la complice du dé.

Mais quelles étaient alors les cartes permises, les *naïbis* conseillés aux enfants par Morelli en 1393? C'étaient les *peintures à devises* de Jacquemin Gringonneur, propres à *l'esbatement* d'un prince dont la tête était affaiblie; c'étaient les *images peintes* avec lesquelles Phil.-Marie Visconti aimait à jouer dans son enfance, et qu'il affectionnait assez pour en acheter 1,500 écus d'or un jeu *complet*, où *les dieux ainsi que les animaux et les oiseaux dessinés auprès de ces dieux* étaient peints avec une admirable perfection[1].

[1] Variis etiam ludendi modis ab adolescentia usus est Philippus

Aussi ne pouvons-nous admettre que les dix-sept cartes conservées à la bibliothèque impériale sous le nom de cartes de Charles VI soient les cartes *à devises* de Jacquemin Gringonneur, puisque ces cartes n'ont pas de devises, que de plus elles font partie d'un jeu de tarot semblable au nôtre, et qu'aucune fleur de lis ou autre marque distinctive n'autorise à les regarder comme ayant appartenu au roi. Ajoutons que certains sujets qui se trouvent dans ces 17 cartes, tels que le fou, le pendu, la mort, la maison Dieu (la foudre), et le jugement dernier n'étaient guère propres à être mises sous les yeux d'un pauvre prince atteint de folie.

Nous ne croirons pas non plus, comme Cicognara[1], que les fragments du beau tarot possédé par la comtesse Aurélie-Visconti Gonzaga puissent dépendre du jeu acheté par Phil.-Marie Visconti 1,500 écus d'or. Sans doute le jeu de la comtesse Aurélie a appartenu à ce prince ou à sa femme, puisque le tableau n° VI (l'amour) les représente tous deux sous le même dais chargé de leurs armoiries; mais, s'il résulte de ce tableau la preuve que ce jeu a été à l'usage de ce duc ou de sa femme, il en résulte aussi que ce n'est pas celui de son enfance, puisque son mariage avec Béatrix Tenda, veuve de Facino Cane, eut lieu en 1413, et que le duc était né en 1391. De plus, ce sont aussi des cartes tirées d'un tarot à points, et le tarot à points ainsi que ses vingt-deux atouts ne concordent pas avec la citation de Decembrio qui mentionne dans ce jeu des dieux, des animaux et des oiseaux peints avec beau-

Maria; nam modo pila se exercebat, nunc folliculo, plerumque *eo ludi genere qui ex imaginibus depictis fit,* in iisque præcipue oblectatus est, adeo ut integrum earum ludum mille et quingentis aureis emerit, auctore vel inprimis Martiano Tordonensi ejus secretario, qui *Deorum imagines subjectasque his animalium figuras et avium* miro ingenio summaque industria perfecit. (Decembrio, *Vita Philippi Mariæ Vicecomitis.*)

[1] Pages 149 et suivantes.

coup d'art; or presque tous les atouts du tarot sont des emblèmes chrétiens et il n'y a que l'Amour qu'on puisse y considérer comme un dieu.

Le jeu de cartes permis n'était donc pas un tarot numéral, c'était une collection de peintures où se rencontraient des dieux accompagnés des oiseaux ou autres animaux qui forment leurs attributs.

Cette collection, c'est évidemment celle dont le souvenir nous a été conservé dans la suite de gravures au burin attribuées à tort ou à raison à Mantegna, et dites cartes de Baldini, gravures que M. Duchesne aîné[1] croit remonter à 1470. Cette suite de 50 pièces est divisée en 5 séries de 10 figures, chaque série désignée par une lettre de l'alphabet depuis A jusqu'à E. La série A comprend le système du monde et les planètes représentées avec les attributs des dieux dont elles portent les noms; la série B présente les vertus; le C, les sciences; le D, Apollon et les Muses; l'E, les divers états de la vie, depuis le mendiant jusqu'à l'empereur et au pape. Il y a là, comme on le voit, force dieux et demi-dieux, ayant pour attributs des animaux de diverses natures; c'était donc ample matière à exercer le pinceau d'un artiste. Disons aussi que ce jeu d'images, cet album à feuilles détachées est resté en usage à Venise sous le nom de cartes longtemps après l'invention des cartes numérales, comme le prouvent une copie de ces figures portant la date de 1485 et la gravure sur bois qui en a été faite en 1616, dans l'ouvrage de Andrea Ghisi[2], intitulé *Laberinto... Venetia, per Evangelista Deuchino*, 1616, petit in-folio; ouvrage donnant 22 tableaux de cartes combinées alphabétiquement par l'auteur pour deviner la carte choisie; ces cartes, au nombre de 60,

[1] Le même Ghisi a donné aussi à Venise, en 1620, un autre jeu qu'il appelle *il nobile e piacevole passatempo* et qui semble être l'origine du jeu de l'oie.

[2] *Annuaire de la Société de l'histoire de France*, 1837. in-18.

comprennent toutes les figures du jeu de Mantegna, moins cinq que les nécessités de l'alphabet ont forcé l'auteur à remplacer. Il a complété par de nouveaux sujets le nombre de soixante dont il avait besoin.

N'y a-t-il pas lieu de croire que cette suite peinte de 50 tableaux a pu être payée 1,500 écus d'or, plutôt que celle du tarot, qui ne comprend que 38 figures (22 atouts et 16 honneurs)?

Les *tarots-images* sont donc, dans notre pensée, les premières cartes, les cartes innocentes; c'est à eux que les *tarots à points* doivent leur naissance. Les atouts de ceux-ci en sont tirés en grande partie, telles sont les figures de l'empereur, du pape, de la justice, de la force, de la tempérance, du soleil, de la lune, etc., et si le doute était possible il se dissiperait bientôt par l'examen du jeu des *minchiate*. Sauf le pape, la papesse et l'impératrice, ce jeu contient tous les atouts du tarot à points, et sur les vingt-deux atouts que les *minchiate* contiennent de plus, 12 sont les signes du zodiaque et 5 appartiennent aux tarots-images, ce sont le roi, l'espérance, la prudence, la foi, la charité.

Nous croirons donc, avec M. Duchesne, que les *tarots-images* furent connus d'abord en Italie[1], et nous ajou-

[1] La langue du tarot ou les mots techniques de ce jeu, tels qu'ils se sont transmis dans les divers pays où il est en usage, confirme son origine italienne. On n'y trouve qu'un mot espagnol, encore n'est-il que dans la partie allemande.

Ainsi le fou (*il matto*) est inscrit dans le tarot de Marseille et dans celui de Genève, sous le nom du *mat*. Dans le tarot de Besançon, il porte sur la carte le nom de *fou*, mais dans la partie il s'appelle le *mat*, l'*excuse*. Dans la partie allemande, il est connu sous le nom de *skûs* ou *excuse*. Les mots *sólo*, *solissimo*, désignent les parties où un joueur se déclare seul contre tous ses adversaires comme au boston.

Le n° 1 des atouts, ou le bateleur (*bagatelliere*) est appelé *pagat* par les Allemands. Dans la partie franc-comtoise, on nomme *paguet à la fin*, *paguet à la bonne*, le coup dans lequel ce bateleur,

terons, probablement à Venise, si l'on en juge et par le dialecte vénitien dans lequel sont écrits les noms des sujets de la collection dite de Baldini, et par l'usage de ces cartes conservé dans cette ville comme amusement jusques en 1616, comme le démontre le jeu de Ghisi cité plus haut.

Nous croyons aussi que le *tarot à points* est également italien et probablement vénitien, ce qu'on peut reconnaître à l'introduction de la papesse dans le jeu, selon une fable ancienne qui ne pouvait être admise que par un pays hostile au pape; aussi ne la voyons-nous figurer ni dans les *minchiate* de Florence, ni dans le *tarocchino* de Bologne.

En combattant les conjectures des savants auteurs et des spirituels écrivains[2] qui se sont déclarés pour l'origine orientale des cartes européennes, et en défendant l'opinion de M. Duchesne sur l'origine italienne des tarots-images et du tarot numéral, nous n'avons pas la prétention d'avoir résolu le problème de l'origine des cartes, nous avons seulement resserré quelque peu le champ de la question; mais en regardant même l'origine orientale comme complétement écartée, il reste encore à trouver l'époque de l'inven-

ce *bagatelliere* est conduit à la dernière levée et y compte pour dix points.

Les Allemands appellent *cavallerie* la réunion du roi, de la dame, du cavalier et du valet avec une carte de points; ils nomment *matadors*, les trois cartes les plus influentes, qui sont : 1° le *skûs*, le *fou* (l'*excuse*, le *mat*, le *matto*); 2° le n° 1, le *pagat* (*bagatelliere*); 3° le n° 21, le monde, tandis que les Francs-Comtois nomment ces 3 cartes les 3 *oudlers* (sans doute du mot allemand *Hudler*, brouillon, taquin); on trouve aussi le *solo* dans la partie allemande, ainsi que le mot *ultimo*.

[2] M. Leber, M. Chatto (*Facts and speculations on the origin and history of playing cards*. London, 1848, in-8°, fig.), M. Paul Lacroix (*le Moyen âge et la renaissance*, 1849, in-4°, tome II), M. Boiteau d'Ambly (*les Cartes à jouer et la cartomancie*, 1854, in-12).

tion des cartes numérales, et la nation d'Europe à laquelle serait due cette invention. Ici, le voile est plus épais encore.

Les cartes numérales sont-elles postérieures ou antérieures au tarot numéral? en sont-elles contemporaines? sont-elles françaises, espagnoles, italiennes, allemandes? Voilà bien des problèmes, qui peut-être sont insolubles.

Sans nous hasarder à formuler aucune opinion sur ces divers points, contentons-nous de constater les différences qui existent entre le tarot numéral et les cartes numérales, ainsi que les analogies qui les rapprochent.

Le tarot numéral ou à points se compose de 78 cartes, dont 22 figures-atouts qui ne se distinguent entre elles, ainsi qu'on l'a déjà vu plus haut, que par les sujets des figures et par des numéros d'ordre. Retranchons ces 22 atouts, il nous reste 56 cartes, divisées en 4 séries, formées chacune de 4 figures : roi, dame, cavalier, valet; plus 10 cartes de points, de 1 à 10. Ces quatre compagnies ont chacune un signe distinctif, ce sont les coupes, les deniers, les bâtons et les épées.

Les cartes numérales ont une grande analogie avec cette partie du tarot à points. Seulement, elles ne sont que 52 au lieu de 56; mais, comme lui, elles ont 10 cartes de points, et la différence est dans le nombre de figures, dont chaque série ne comporte que trois[1].

Les signes distinctifs des quatre séries ne sont pas les mêmes non plus : tandis que les coupes, deniers, bâtons et épées se trouvent aux jeux italiens et espagnols, comme dans les tarots, dans les autres jeux, ils sont remplacés par les cœurs, les grelots, les glands et les

[1] Cependant les quatre figures du tarot à points se retrouvent dans les jeux de cartes numéraux, en ce sens que, tandis que les uns, comme le jeu français, ont pour figures le roi, la dame et le valet, les autres ont le roi, le cavalier et le valet.

feuilles de lierre, ou par les cœurs, les carreaux, les trèfles et les piques.

Il convient donc de reconnaître, avec M. Leber, trois grandes familles dans les cartes numérales, famille *méridionale*, famille *centrale*, famille *septentrionale*.

La famille *méridionale*, qui comprend les cartes italiennes, espagnoles et portugaises, se distingue par les coupes, les deniers, les bâtons et les épées [1]. C'est à cette famille qu'appartiennent les diverses espèces de tarots.

La famille *centrale*, où se placent les cartes françaises, les cartes anglaises et aujourd'hui une grande partie des cartes allemandes, a pour signes les cœurs, les carreaux, les trèfles et les piques [2].

La famille *septentrionale* s'éteint tous les jours. Ses enseignes sont le cœur, le grelot, le gland et la feuille de lierre [3].

De ces trois familles, quelle est la plus ancienne?

Lorsqu'on examine avec attention et les dates des documents cités et les débris de cartes anciennes que l'on rencontre encore, on est forcé de convenir qu'il n'est pas possible de trouver de motifs réellement concluants pour décider la question.

En effet, si la famille française peut citer en sa faveur les dates de 1397 (défense du prévôt de Paris), de 1404 (défense du synode de Langres), de 1407 (engagement notarié de cinq Dijonais [4] de s'abstenir du jeu pendant une année), de 1429 (prédication du cordelier Richard et auto-da-fé des cartes et autres jeux

[1] En italien: coppe, danari, bastoni, spade;
En espagnol: copas, dineros, bastos, espadas;
En portugais: copas, ouros, páos, espadas.

[2] En anglais: hearts, diamonds, clubs (massues), spades.
Les formes des trèfles, des cœurs, des piques et des carreaux se retrouvent dans beaucoup d'ornements de nos églises gothiques.

[3] En allemand: Roth, Schellen, Eicheln, Grün. (Le rouge, les sonnettes, les glands, le vert.)

[4] Voir les mémoires de l'académie de Dijon, année 1828, cités par M. Chatto, page 79.

de hasard à Paris); d'un autre côté les Allemands présentent les défenses du livre rouge d'Ulm en 1397, et d'Augsbourg en 1400, 1403 et 1406.

Enfin, les Italiens pourraient se prévaloir de l'assertion de Covelluzzo (1379), si cette date et celle du conseil de Morelli (1393) ne s'appliquaient vraisemblablement aux tarots-images, comme celle de 1392 des jeux de Charles VI, payés à Jacquemin Gringonneur. Mais, en 1413, ils avaient le tarot numéral (tarot des Visconti). Avant 1419, Fibbia avait inventé à Bologne le tarocchino, et rien ne prouve que l'idée du tarot à points soit venue des cartes numérales, comme rien ne peut conduire à penser que les dernières soient empruntées au tarot à points.

A la vue des monuments, même embarras. Les cartes les plus anciennes, parmi les cartes numérales, sont évidemment celles dont M. Chatto a donné un *fac-simile* à la page 88 de son ouvrage, et qu'il croit avoir été exécutées au patron antérieurement à l'invention de la gravure en bois. Eh bien, ces cartes portent les signes distinctifs de la famille allemande (cœurs, grelots, glands et feuilles), et, d'un autre côté, M. Chatto les croit vénitiennes au costume des personnages et surtout à la représentation du lion de Saint-Marc qui se trouve deux fois dans cette suite.

Quant aux cartes dites de Charles VII, l'opinion qu'elles sont du temps de ce prince n'est fondée que sur le costume[1]. Or, un costume peut bien prouver

[1] A ce compte, les cartes de M. d'Henneville, que l'on trouve à la pl. 20 du *Recueil de la Société des Bibliophiles* seraient du temps de Charles VI, puisqu'elles représentent des personnages velus comme des sauvages dont un est un roi, et qu'elles font évidemment allusion au malheureux ballet des ardents de 1392, où ce prince faillit périr.

En général, on est porté à accorder, aux monuments de date incertaine, une époque peut-être trop reculée. Ainsi l'éditeur du beau *Recueil des cartes* publié pour la Société des bibliophiles français,

qu'un monument n'est pas antérieur à l'époque où a paru ce costume; mais il ne peut démontrer également que ce monument en soit contemporain, puisqu'il peut avoir été imité plus tard. Ce n'est donc qu'une simple présomption [1].

Ajoutons que, lors même que cette attribution serait certaine, ces cartes ne sauraient décider pour la France la question de priorité, puisqu'elles seraient postérieures de près de 30 ans à la défense du prévôt de Paris de 1397, comme à celle d'Ulm de la même date.

Il faut donc attendre, pour connaître le véritable inventeur des cartes numérales, que le temps ait exhumé des monuments matériels ou des documents écrits d'une valeur certaine.

Jusqu'à ce jour, tout se résume en ceci, comme nous l'avons déjà dit : Les *tarots-images* sont d'origine ita-

en 1844, place à la table, en tête des cartes de la Bibliothèque impériale, dont il ne donne pas de *fac-simile*, celles de Jehan Volay, les classant à l'année 1484. Un monument curieux, conservé dans la bibliothèque de Rouen, donne raison contre cette date à M. Leber, qui regardait ce cartier comme appartenant au XVIe siècle (*Études sur les cartes à jouer*, p. 30). C'est un moule gravé sur bois pour l'impression d'un jeu de cartes à portraits espagnols. Ce moule, qui a servi de fond à une boîte de nain jaune, comprend vingt cartes, savoir : douze figures (rois, cavaliers et valets de coupe, de denier, de bâton et d'épée), trois as (denier, coupe, épée), et cinq cartes de points (le deux et le cinq de denier, le trois, le six et le sept d'épée). Le nom de Jehan Volay se lit au valet de coupe, au valet de bâton et à l'as de denier. Ce même as est aux armes de Philippe II avec l'écu de France brochant sur le tout, et que ce prince n'a pu prendre qu'après son mariage avec Élisabeth, fille de Henri II, ce qui reporte ces cartes à la seconde moitié du XVIe siècle. (Voir, dans la *Revue de Rouen*, juin 1846, l'article intitulé : *Sur une ancienne forme à imprimer des cartes à jouer;* article dû au savant bibliothécaire de la ville de Rouen, M. André Pottier.)

[1] La perfection des cartes dites *de Charles VII* nous inspire des doutes sérieux sur la date qu'on leur attribue, et les cartes dont M. Chatto a donné à la page 214 de son ouvrage quatre valets, sur l'un desquels il y a le mot Valery, pourraient bien être antérieures aux cartes attribuées au règne *de Charles VII*.

lienne, probablement vénitienne; le *tarot numéral* est né du *tarot-image*, et probablement aussi à Venise. Les cartes, comme jeu de hasard, soit tarot, soit cartes, n'ont commencé à être considérées comme un danger pour les mœurs que vers 1397, date de la première défense en France et en Allemagne.

DIVERSES ESPÈCES DE CARTES EN USAGE AUJOURD'HUI.

Ainsi qu'on l'a vu ci-dessus, les cartes actuelles peuvent se diviser en deux classes, les tarots et les cartes numérales.

Tarots.

Nous avons déjà parlé longuement du *tarot numéral*, du *tarocchino* et des *minchiate*; il ne nous reste plus que quelques observations à ajouter.

Les *minchiate*, jeu florentin de 97 cartes, et presque inconnu hors de l'Italie, est un jeu à combinaisons, très-estimé à Florence; au siècle dernier, il se jouait aussi à Rome, et les ouvrages qui en parlent le louent comme un jeu intéressant, varié, où l'esprit de combinaison et de calcul a grande part[1]. Ce jeu est dérivé de celui du tarot, dont il a tous les atouts, plus 17 autres.

Le tarot de 78 cartes est en usage dans la Lombardie, en Autriche, où il se joue avec passion, en Wurtemberg et dans diverses autres parties de l'Allemagne, en Dane-

[1] Ce jeu présente, suivant un mathématicien qui en a fait un traité, 96,141,308,400;784,017,049 cas divers, et cependant, ajoute cet auteur : «Il est facile, bien qu'au premier coup d'œil il paraisse difficile.» (*Giuochi delle minchiate, ombre... da Fr. Saverio Brunetti*, Roma, 1747, 8°.)

Sous le rapport artistique, le seul jeu de *minchiate* que nous ayons vu et qui est de la fabrique de Baragioli, de Florence, nous a paru très-remarquable. Le dessin en est varié, de bon goût, et la gravure en bois surpasse ce qu'on fait habituellement pour ce genre. Le format en est plus petit que celui des tarots ordinaires.

mark, en Suisse, en Provence, en Alsace, en Franche-Comté. Dans cette partie de la France, il sert assez ordinairement de délassement aux ecclésiastiques; c'est comme les *minchiate* un jeu à combinaisons.

Les cartes de tarots sont plus grandes, surtout plus allongées que les cartes numérales. Il s'en fabrique à Bologne, à Milan, dans diverses villes de l'Allemagne, à Copenhague, à Genève, à Marseille, à Colmar, à Besançon, etc.

En Italie, en Suisse et en France, le tarot a gardé sa physionomie primitive, les marques de ses séries sont les coupes, les deniers, les bâtons, les épées, et les atouts sont toujours les vieilles figures allégoriques à l'idée chrétienne du moyen âge [1]. Mais en Allemagne et dans le nord de l'Europe, les coupes, les deniers, etc., se sont changés en cœurs, carreaux, trèfles et piques, et les figures des atouts, variant au caprice des fabricants, sont aujourd'hui des vues, des guerres, des pièces de théâtre [2], tous les sujets à la mode, toutes les actualités propres à piquer la curiosité et à stimuler l'acheteur.

Il est à remarquer aussi que le tarot gravé généralement sur bois, dans les fabriques à l'ancien type, est exécuté en taille-douce dans les ateliers du Nord.

Ces innovations de la fantaisie allemande ont contraint les fabricants à placer en évidence aux deux extrémités des atouts du tarot un chiffre romain, d'une grande dimension, qui rappelle l'ordre de l'atout, la

[1] Plusieurs des personnages et des allégories des tarots se reconnaissent dans les bordures gravées en bois qui ornent les livres d'heures imprimés aux XVe et XVIe siècles.

[2] Un spirituel écrivain, qui a donné sur les cartes un volume d'une lecture fort amusante, est tombé dans une singulière erreur à l'occasion du n° 21 d'un tarot allemand de M. Wüst, de Francfort. Il a pris pour une allégorie mystique du monde une carte qui représente tout simplement la dernière scène de l'opéra du *Freyschütz*. Il faut dire que le n° 21 des atouts est, dans le vieux tarot, la figure intitulée le *monde*.

valeur de certains de ces atouts dépendant de leur rang, et le changement arbitraire des sujets des dessins ne permettant pas à la mémoire d'intervenir pour distinguer l'ordre des figures.

Cartes numérales.

Les *cartes espagnoles* ou cartes d'hombre sont au nombre de 48. Ce jeu a pour figures, 4 rois, 4 cavaliers, 4 valets qui portent les chiffres 12, 11 et 10, car il n'a que 9 points, 1 à 9. Les signes distinctifs des séries sont les coupes, les deniers, les bâtons et les épées.

Le dessin des figures espagnoles est plus léger que celui des figures françaises; le costume sent l'Espagne ancienne; les couleurs dominantes sont le rouge, le jaune, le bleu clair et le vert; le moule est ordinairement tiré en bleu.

On remarque dans l'encadrement de ces cartes une disposition particulière, suivant la série à laquelle la carte appartient: la série des deniers a un encadrement sans lacune; pour les coupes, la bande d'en haut et celle d'en bas ont une coupure au milieu, celle des épées en ont deux, celle des bâtons, trois; en haut et en bas de la carte est imprimé le numéro répondant au rang qu'elle occupe dans sa série [1].

Cet arrangement a pour but de faire reconnaître de suite au joueur qui tient ses cartes la série et le numéro de sa carte, sans que son adversaire puisse lire dans son jeu. Car les cartes ne se rangent pas en éventail dans la main d'un Espagnol comme dans une main française, mais elles sont tenues l'une sur l'autre en ne laissant dépasser par en haut que le bord de la carte avec son numéro.

Il se fabrique en Allemagne et en France une grande quantité de cartes à *portrait* (figures) espagnol; elles

[1] Dans les jeux anciens on ne trouve pas cette disposition de l'encadrement.

s'exportent dans l'Amérique du Sud, au Mexique et en Californie. La Californie préfère celles où les coupes ont la forme d'un verre à pied, le Pérou demande plus particulièrement les coupes formées en vase avec couvercle.

Les Espagnols fabriquent aussi des cartes non coloriées, dont l'impression est faite en quatre encres différentes, suivant la série : le jaune pour les deniers, le rouge pour les coupes, le bleu pour les épées, le brun pour les bâtons.

Les *cartes portugaises* sont aux insignes, coupes, deniers, bâtons et épées, comme les cartes italiennes et les cartes espagnoles. Mais le dessin des figures, bien qu'assez analogue à celui de ces dernières, se fait remarquer par quelques différences : au lieu d'un roi, d'un cavalier et d'un valet, elles ont pour figures un roi, une dame et un cavalier. Les as sont tenus par un serpent ailé, et le deux de bâtons représente deux bâtons formant une croix de Saint-André et un jeune homme croisant les jambes entre ces bâtons.

Ces cartes sont plus petites que les cartes espagnoles, et au quatre de deniers on lit ces mots : *Real fabrica.*

Mais la distinction la plus grave qui les sépare des cartes d'Espagne, c'est qu'elles contiennent un 10 et qu'elles sont au nombre de 52 au lieu de 48.

Les *cartes italiennes* de *tressette* ne sont qu'au nombre de 40, ce sont roi, cavalier, valet; et pour les points, 7, 6, 5, 4, 3, 2, 1; elles portent les signes coupes, deniers, bâtons, épées.

Ces cartes sont petites comme les cartes portugaises; l'as de deniers est la carte fournie par le Gouvernement. On y lit : *Carta reservata. Asso di danari. Baiocchi cinque.*

Bien que le dessin des cartes de tressette soit assez joli, dans le jeu que nous avons sous les yeux, la fabrication laisse à désirer. Le papier taroté du derrière de la carte est conservé plus grand que celle-ci et se replie sur le devant au moment du collage; ce qui rend la carte d'autant plus épaisse qu'elle n'est pas lissée.

Cartes françaises. Les cartes françaises sont distinguées des précédentes par les signes des séries : cœurs, carreaux, trèfles et piques. Mais, avant de passer à cette série nouvelle, nous commencerons par faire connaître un jeu aux couleurs espagnoles et qui ne se joue qu'en Bretagne, où il est connu sous le nom d'*alluette*, et mieux peut-être de la *luette*, nom que l'on rencontre dans la longue série de jeux de cartes cités par Rabelais dans son XXe chapitre, où il se trouve à côté du tarot sous la désignation de *luettes*.

Le jeu d'*alluette* se compose de 48 cartes, dont 12 figures. Ce sont, pour les figures, roi, dame, valet; pour les points, 9, 8, 7, 6, 5, 4, 3, 2, 1. Il est à remarquer, pour les figures, que, par une conciliation des usages espagnols et des usages français, la seconde figure est bien une dame, mais une dame à cheval. D'autres particularités distinguent aussi ce singulier jeu, et méritent d'être indiquées parce qu'elles ont, dit-on, quelque valeur dans la partie. Dans les coupes, au quatre se voit un bonnet phrygien; au trois, un buste de femme dans une des coupes et dans chacune des deux autres un cygne, dont l'un dépose une couronne sur la tête de la femme, l'autre lui offre une fleur; au deux, une vache couchée. Dans les deniers, au cinq, le denier du milieu représente une tête d'homme et une tête de femme qui s'embrassent; au quatre, un double triangle entrelacé en forme d'étoile à six pointes; au trois, dans le denier du milieu, un portrait de militaire; au deux, un portrait de militaire dans l'un des deniers, un portrait de femme dans l'autre; l'as est placé sur la poitrine d'un aigle, et dans le denier de cet as, on voit une portion de ville. Au deux de bâtons, un enfant sur une balançoire; à l'as de bâtons, un sauvage. Au deux d'épées, le nom du fabricant, à l'as un sauvage avec un carquois et un arc.

Ce jeu se fabrique en Espagne, mais principalement à Paris, à Nantes, à Bourbon-Vendée et en d'autres villes de la Bretagne, où il est en grand usage parmi les marins[1].

L'administration française le classe parmi les cartes étrangères et le taxe à 50 centimes au lieu de 30.

Répandues aujourd'hui dans tout l'univers, les cartes aux couleurs françaises ont remplacé dans la haute société presque toutes les cartes nationales. On les trouve dans les Indes où les ont portées les Anglais, qui les ont adoptées dès leur origine; dans le nord de l'Europe, où elles ont détrôné, au moins pour les couleurs ou signes distinctifs des séries, les couleurs primitives allemandes. L'Italie oublie pour elles ses anciens jeux nationaux, l'Espagne même en fabrique concurremment avec ses cartes propres, et la Russie les a natio-

[1] On ne sait à quelle circonstance attribuer l'existence en Bretagne de ce jeu espagnol, inconnu du reste de la France. On a pensé qu'il y avait été introduit du temps de la Ligue; mais la Ligue n'a commencé qu'en 1576, et Rabelais le cite dans son *Pantagruel*, écrit vers 1545. N'est-il pas plus probable qu'il vient des relations maritimes avec l'Espagne, et peut-être même avec l'Amérique espagnole, et qu'il fut rapporté, à une époque très-éloignée de nous, par des matelots, chez lesquels principalement l'usage s'en est perpétué? La figure de sauvage qui se voit à l'as de bâton semblerait autoriser cette conjecture.

Les cartes les plus importantes de ce jeu sont: *monsieur* (le 3 de deniers), *madame* (le 3 de coupes), le *borgne* (2 de deniers), la *vache* (2 de coupes); le 9 de deniers, le 9 de coupes, le 2 de bâton (couleur nommée chêne dans ce jeu) et le 2 d'épées. Viennent ensuite les as, les rois, les dames et les valets.

Ce jeu se joue à quatre comme le whist ou le boston, etc.

Ce qui lui donne une animation assez vive, c'est qu'il y est permis d'indiquer son jeu à son partenaire par des signes que l'on s'efforce de rendre inintelligibles pour les autres.

nalisées. Inutile de dire qu'elles sont naturalisées en Belgique depuis un temps immémorial.

Il n'y a guère pour les cartes françaises que deux sortes de jeux : le jeu complet de 52 cartes, qu'on désignait autrefois en fabrique sous le nom de *manille*, et aujourd'hui sous celui de *whist* ou jeu entier; le jeu de piquet, composé de 32 cartes, comprenant, outre les figures, l'as, le 7, le 8, le 9 et le 10.

Quant aux figures, les Anglais les ont conservées dans toute leur imperfection primitive, et les tentatives faites par les fabricants pour les remplacer par des types nouveaux ou de meilleur goût ont échoué, et n'ont causé que des pertes aux novateurs mal inspirés; en France, le type officiel actuel est à peu près celui du XVIe siècle[1].

La seule innovation qui s'y soit produite est l'introduction des types à deux têtes, inventés par les Belges et introduits en France dans la fabrication officielle en 1828, au grand déplaisir de quelques joueurs, qui retournaient souvent leurs cartes la tête en bas comme moyen mnémonique.

Ces figures, dites *à portrait belge*, sont formées

[1] Sous la première république, on fabriqua des jeux où les rois, les reines et les valets étaient remplacés par des sages (Solon, Caton, Rousseau, Brutus), des vertus (Justice, Prudence, Union, Force), des braves (Annibal, Horace, Décius et Scévola); il y eut aussi plusieurs autres dessins de ce genre.

En 1808, quand l'administration dut fournir elle-même les moulages, elle chargea David de faire faire par ses élèves des dessins plus purs de goût et plus exacts de costume que les figures du vieux modèle. D'après le programme, on devait conserver les noms des anciens rois, et donner le costume juif à David, ainsi qu'à la dame et au valet de pique; le grec, à Alexandre et aux deux autres figures de trèfle; le romain, à César et aux figures de sa couleur; le français du IXe siècle, à Charlemagne, à la dame et au valet de cœur. Des essais ont été faits, mais ils n'ont pas eu de suite.

Les particuliers n'ont pas été plus heureux, et les jolis dessins du moyen âge, de M. Houbigant, n'ont pu obtenir grâce devant la routine des joueurs.

d'une moitié de figure dont la partie inférieure est supprimée et remplacée par une moitié supérieure, de façon que la carte offre une même tête dans quelque sens de sa longueur qu'elle se présente.

Il faut reconnaître que pour les cartes anglaises, qui ont adopté cette innovation, il y a plutôt désavantage que perfectionnement, les valets se confondant avec les rois plus facilement que dans l'ancien modèle, où les jambes des premiers les faisaient distinguer au premier coup d'œil.

Les cartes anglaises, c'est-à-dire les vieilles cartes françaises, sont celles dont on fait usage aux États-Unis et au Canada.

Cartes allemandes. Les anciennes couleurs des cartes allemandes cœurs, grelots, glands et feuilles de lierre sont presque exilées aujourd'hui des jeux allemands, où les couleurs françaises les ont remplacées. Quant aux types des cartes mêmes, il semble que l'Allemagne n'en ait jamais eü de nationaux, car ils varient à chaque fabricant et à chaque année, comme nous l'avons vu pour les tarots.

Cependant nous avons pu nous procurer un jeu avec les couleurs allemandes. Ce jeu se compose de 36 cartes, et chaque série présente le roi, un bourgeois et un valet, et pour les points, 10, 9, 8, 7, 6 et 2, sans as. Le valet ne se distingue guère du bourgeois que par la position du signe distinctif de la série, qui, au bourgeois, est placé en haut de la carte, comme pour le roi, et qui, pour le valet, est placé plus bas, vers la moitié du corps. Ces cartes sont à deux têtes; elles sont de fabrique wurtembergeoise.

FABRICATION DES CARTES.

Les quatre opérations les plus importantes de la fabrication des cartes sont la confection du carton, l'impression du dessin, le coloriage et le lissage. Ces opérations diffèrent peu aujourd'hui, du moins en France, de ce qu'elles étaient autrefois[1].

Quelques cartes du XVIe siècle que nous avons pu examiner prouvent qu'à cette époque le *carton* en était composé de quatre feuilles de papier assez épais, collées l'une sur l'autre; aujourd'hui, en France, il se compose habituellement de trois feuilles : 1° le papier filigrané, sur lequel s'imprime le dessin; 2° le papier du milieu, appelé *étresse* ou *main brune*, destiné à rendre la carte plus ferme et moins transparente; 3° le papier dit *cartier*, qui forme le dos de la carte. C'est celui sur lequel s'impriment les dessins désignés sous le nom de *tarotage*.

En 1762, le carton des jeux de piquet était formé de quatre feuilles, la main brune étant double, mais plus mince.

Comme les cartes du XVIe siècle, les cartes anglaises sont très-épaisses; elles se composent de quatre forts papiers.

Les allemandes sont à peu près, sous ce point, semblables aux françaises; les italiennes sont de deux feuilles, dont celle de derrière ou papier cartier est taroté, et, dans la fabrication, on le laisse un peu plus large que le papier de la figure, cet excédant se repliant des quatre côtés sur celui-ci en forme de cadre. C'est ainsi, du moins, qu'est fabriqué un jeu de *tressette* fait à Bologne, que nous avons eu occasion d'examiner.

Quant aux cartes espagnoles, elles sont souvent d'une seule feuille, *de una hoja*, comme il est inscrit sur les enveloppes, la transparence des cartes n'étant

[1] On peut consulter, pour la description détaillée du travail des cartes, l'*Art du cartier*, publié à Paris, en 1762, pour l'Académie des sciences, par Duhamel du Monceau, in-folio avec figures; — le *Manuel du cartonnier*, par M. Lebrun; Paris, Roret, 1845, in-18; — le *Code des cartes à jouer*; Paris, Dupont, 1853, in-8°.

d'aucun danger pour les joueurs, en raison de la manière dont elles sont tenues dans la main, comme on l'a vu plus haut. Elles sont, du reste, tarotées.

Le *moulage* ou l'impression du dessin était encore, il y a quelques années, ce qu'il était au xve siècle, après l'invention de la gravure en bois. Seulement le cuivre avait été déjà substitué au bois avant 1762. La planche (le *moule* en terme de cartier) était encrée à la brosse avec un noir léger détrempé dans de la colle, la feuille de papier, préalablement humectée (*moitie*), était étendue sur le moule et imprimée (*moulée*) au moyen du *frotton*, espèce de tampon de drap ou de crin.

Aujourd'hui, le moulage se fait à l'Imprimerie impériale sur des presses mécaniques, et à l'encre d'imprimerie.

Outre le moule officiel, plusieurs fabricants font graver en creux et imprimer en taille-douce des portraits de fantaisie; nous devons dire qu'on n'est pas encore parvenu à les faire adopter par la mode; ni en France ni en Angleterre ces essais n'ont réussi, tandis qu'au contraire en Allemagne et dans les pays du Nord les portraits de fantaisie sont très-goûtés. Chaque fabricant a les siens, et il les varie très-fréquemment.

C'est en 1808 que la régie fut chargée de faire confectionner des moules uniformes et de faire la fourniture des moulages aux fabricants. Aujourd'hui les moules officiels sont gravés sur acier et multipliés par la galvanoplastie.

Bien que la législation, en exigeant le tirage des moules sur papier de la régie et en fournissant les moulages ou le trait des figures, ne permette pas que les progrès se fassent sentir dans le dessin et dans la beauté du papier, cependant les cartes de fabrique française sont de qualité au moins égale à celles des autres pays, ce qui provient surtout des soins que les bons fabricants apportent dans les diverses manipulations et principalement dans le collage, l'habillage (peinture) et le lissage.

Quant aux cartes dites de fantaisie, c'est-à-dire à portraits différents du portrait officiel, elles participent du bon goût des fabricants et du talent des artistes qui les exécutent; elles sont généralement gravées en taille-douce, et les moules en sont déposés dans les bureaux de la régie où les fabricants en font opérer le tirage.

L'*habillage* ou peinture des figures s'opère encore en France et dans presque tous les pays par le procédé primitif, le patron découpé. Cinq couleurs étant employées dans ce coloriage (le rouge, le jaune, le bleu, le gris ou bleu clair, et le noir), il faut cinq patrons pour compléter l'habillage. C'est au moyen de couleurs détrempées dans la colle et étendues sur les patrons avec une large brosse que s'exécute cette opération.

Mais dans le procédé de M. De la Rüe, breveté en 1832, les couleurs sont à l'huile et s'appliquent, comme pour le papier peint, au moyen de cinq planches. Cette application se fait par la presse typographique.

Quant au *lissage*, il s'opère encore par le lissoir, caillou poli, attaché au bout inférieur d'une perche fixée au plafond et descendant verticalement à la portée de l'ouvrier. M. De la Rüe a aussi changé ce mode de lissage; il fait passer les cartons dans des cylindres et remplace le savonnage par une couche légère de gélatine.

Lorsqu'on voit le poli excellent des cartes françaises et allemandes, le glaçage plus parfait encore de l'habile fabricant anglais, on est étonné de ne trouver aux cartes italiennes aucune trace de lissoir, et l'on est porté à croire que cette opération est un perfectionnement qui n'aurait été ajouté à la fabrication que postérieurement au premier siècle de l'invention des cartes, les Italiens en étant restés, sous ce point, aux habitudes primitives. Les cartes du XVe et du XVIe siècle, dont on possède quelques échantillons, ne peuvent rien nous apprendre à cet égard, parce que, ayant été trouvées dans des cartons de couvertures de livres, le lissage, si elles l'ont reçu, a été détruit par la colle et par l'eau.

Le dos des cartes françaises était blanc autrefois, et celui des tarots et des cartes espagnoles portait des dessins, d'où est venu le nom de *tarotées* aux cartes auxquelles on a ajouté cet ornement, qui contribue à rendre la carte moins transparente. Ce dessin est appliqué ordinairement aussi par le procédé des *imprimures* ou patrons découpés; mais depuis quelques années M. Zuber, fabricant de papier, a confectionné des papiers tarotés qui épargnent aux cartiers l'opération du tarotage.

M. De la Rüe déploie un grand luxe pour le dos de ses jeux; il les orne, par la lithochromie, de peintures de fleurs ou de fruits et de dorures.

Les plus belles cartes qui aient paru à l'Exposition sont certainement celles de cet habile manufacturier. C'est à lui que la fabrication anglaise et étrangère doit ses progrès.

Après les cartes anglaises, et sur la même ligne que les cartes françaises, viennent les cartes allemandes. Francfort, Vienne, Darmstadt avaient envoyé de beaux échantillons, et Copenhague rivalisait avec l'Allemagne.

Disons que la liberté de fabrication (nous ne parlons pas de l'impôt) a permis à toutes ces contrées d'adopter les procédés de M. De la Rüe ou de perfectionner les leurs.

Quant aux États méridionaux, leur fabrication est encore arriérée; sauf l'Espagne, qui avait envoyé de bons échantillons, les autres pays n'avaient pas exposé, et les cartes que la commission a pu se procurer en dehors de l'Exposition montrent que, dans le midi de l'Europe, cette industrie a beaucoup à faire pour s'élever au niveau des autres contrées.

Une observation qui n'est pas sans intérêt, c'est que tandis que les Français, si accusés d'inconstance, sont restés comme les Anglais, comme les Espagnols et les Italiens attachés à leurs types primitifs, soit pour les cartes numérales, soit pour les tarots à points; les Allemands se sont lancés, depuis plus d'un demi-siècle, dans la fantaisie; ils ont abandonné leurs anciens types de figures, rois, cavaliers et valets. Ils les remplacent par des rois, des dames et des valets de costumes divers, et ils ont adopté généralement les insignes des cartes françaises, cœur, carreau, etc., même pour les tarots. Pour ceux-ci, ils ont également substitué aux figures anciennes des dessins arbitraires qu'ils changent très-souvent, et, pour les reconnaître, ils n'ont plus que les chiffres romains par lesquels est indiqué leur ordre numérique.

Au dire du rapport de 1851, c'est en Russie que la fabrication des cartes a atteint son plus haut degré de perfection[1]; cette fabrication est le monopole du Gouvernement, comme en France celle du tabac, et le produit de la vente est affecté au soutien de l'hospice des enfants trouvés. Sous la direction du général Wilson, cette manufacture, établie à Alexandrewski, près Saint-Pétersbourg, a été montée en grand et pourvue de machines d'Applegath. Elle a adopté tous les perfectionnements nouveaux, et notamment les procédés brevetés de M. De la Rüe, et bien qu'elle fabrique envi-

[1] Nous doutons que les cartes russes puissent l'emporter sur les belles cartes anglaises de M. De la Rüe. C'est sans doute à la modestie de cet habile fabricant, rédacteur du rapport de Londres, que la Russie doit cet éloge, que nous devons admettre sous la responsabilité de l'honorable rapporteur.

ron 14,000 jeux par jour, elle ne peut suffire aux demandes [1].

La guerre n'ayant pas permis à la Russie de figurer à l'Exposition de 1855, le Jury est resté avec le regret de ne pouvoir établir de comparaison avec les produits de cet empire.

Depuis l'indépendance de l'Amérique jusqu'à la fin du siècle dernier, les États-Unis n'avaient point de fabriques de cartes: c'est en 1800 que la première fut établie par un nommé Crehore. Aujourd'hui, il s'en fabrique des quantités considérables, cette industrie étant libre dans l'Union. On y fait des cartes anglaises et des cartes allemandes, c'est-à-dire des cartes à couleurs françaises, mais à têtes et figures de fantaisie, comme vues, portraits, etc.

Cependant les États de la Nouvelle-Angleterre, le New-Hampshire, le Massachussett, le Connecticut, le Rhode-Island, le Vermond et le Maine n'ont pas de manufactures de cartes; tous les jeux y sont défendus par la loi [2].

Nous ne pouvons quitter ce sujet sans dire un mot d'une opinion acceptée généralement sans examen par les érudits, sur la foi de Heinecken [3], dont la science n'est pas contestable, mais que la prévention en faveur de son

[1] On voudra bien remarquer, relativement à cette citation, que le document dont elle est extraite est antérieur à la guerre d'Orient.

[2] Cela veut-il dire qu'on n'y joue pas? nullement. Et, pour exemple du talent avec lequel dans ce pays on sait aussi éluder la loi, nous pourrions citer le jeu de quilles, nommé en anglais le jeu des neuf épingles, *nine pins*, nom sous lequel il est désigné dans la loi prohibitive des jeux. Qu'ont fait les Américains? ils ont ajouté une quille, et le jeu des dix épingles, *ten pins*, n'étant pas compris dans la proscription écrite du législateur, ils jouent aux dix quilles à la face du soleil et de la loi.

[3] *Idée d'une collection d'estampes*. Leipsig, 1771, in-8°, p. 237 et suiv.

Heinecken, cherchant à combattre l'opinion de Bullet, dit que si les cartes avaient été inventées en France, les Allemands leur aupays a évidemment égaré. Selon cet auteur, les cartes sont d'invention allemande, c'est à elles qu'est due l'origine de la gravure sur bois; et les cartiers ont été les premiers graveurs en relief.

Cette assertion est purement gratuite, et rien dans les monuments ne vient la confirmer.

En effet, les premières cartes furent peintes. Les plus anciennes que nous connaissions sont les dix-sept pièces du tarot, de date incertaine, appelées *cartes de Charles VI*, et celles du tarot de Visconti, dont la date se peut conclure de la figure sixième, où sont réunies les armes de ce prince et celles de Béatrix Teuda, qu'il épousa en 1413 et qu'il fit mourir en 1418. Ces cartes sont exécutées au pinceau. De plus, si l'on admet l'anecdote de la prédication de saint Bernardin de Sienne, contre les cartes, en 1423, on y verra une nouvelle preuve qu'à cette époque, à Bologne, les cartes étaient des peintures. Quand le fabricant éploré vint dire au prédicateur qu'il allait être ruiné : — « Tu ne sais que peindre, lui répondit le saint, eh bien! peins ceci, » et il lui remettait en même temps le monogramme du saint nom de Jésus dans une auréole.

Faisons remarquer, à cette occasion, qu'à cette date, la gravure en bois existait déjà, puisque le *saint Christophe* est daté de cette même année 1423.

Mais, dira-t-on, en 1423, les cartes avaient déjà près de trente ans d'existence, puisque, dès l'année 1397, elles étaient défendues, tant en Allemagne qu'en France; elles étaient même connues longtemps aupa-

raient conservé le nom de *Karten*, tandis qu'ils les appellent *Briefe*, lettres, et que les cartiers furent nommés *Formschneider*, tailleurs de formes. M. Chatto (p. 81 et suiv.) réfute ces arguments, et prouve que l'on trouve dans les registres d'Augsbourg, à l'année 1418, le mot de *Kartenmacher*; dans ceux de Nuremberg, en 1433 et 1435, celui de *Kartenmacherin*, et, en 1438, celui de *Kartenmahlerin*, tandis que, dans ces mêmes documents, celui de *formschneider* ne paraît pour la première fois qu'en 1449.

ravant, s'il est vrai, comme l'annonce Covelluzzo, qu'elles aient été apportées à Viterbe en 1379. De plus, vous convenez qu'avant 1397 elles étaient un jeu d'enfants. Or un jeu d'enfants, c'est-à-dire un jeu destiné à des consommateurs aussi destructeurs que nombreux; un jeu qui, passant plus tard des enfants aux hommes de tout âge, avait, en quelques années, fait une telle invasion dans toutes les classes de la société, que l'autorité civile elle-même était obligée d'intervenir pour en modérer l'usage; un tel jeu devait donner lieu à une fabrication très-active, et les procédés lents et coûteux du dessin et de la peinture ont dû être remplacés par un mode de multiplication plus prompt et plus économique.

Sans doute; mais où est la preuve que ce procédé expéditif ait été tout d'abord la gravure sur bois? Si cette opinion était fondée, pourquoi la gravure auraitelle été appliquée si tardivement aux images religieuses, bien autrement populaires que les cartes? et pourquoi n'est-il parvenu jusqu'à nous aucun monument de la gravure sur bois de ces premiers temps?

N'est-il pas plus probable, que, dans la fabrication des cartes, la gravure sur bois fut un perfectionnement, comme le pensent MM. Chatto et De la Rüe, et que, dans l'origine, on y employait un autre mode de reproduction?

Ce mode primitif nous est, il est vrai, resté inconnu; et nous n'en avons pas de monument bien constaté. Toutefois, il est assez vraisemblable que ce procédé était celui qu'on emploie encore aujourd'hui pour le coloriage de ces cartes: le patron découpé[1].

[1] Sur une feuille de papier enduite en dessus et en dessous de plusieurs couches de peinture à l'huile, on découpe toutes les places qui doivent être rouges; sur une autre, toutes celles qui doivent recevoir le jaune, et ainsi pour les cinq couleurs dont sont peintes les cartes. On pose les découpures (*imprimures* en terme de métier)

Il suffit de jeter un coup d'œil sur les cartes actuelles pour reconnaître que presque toute la figure, la face de la tête exceptée, est couverte de couleur. Il était donc facile de se passer d'un trait aussi fini, aussi complet qu'on l'a obtenu plus tard par la gravure en bois; du reste, il n'était pas difficile de rendre le dessin sans gravure, en en découpant une partie sur le patron d'une couleur, une autre sur un autre patron; enfin, on pouvait l'obtenir tout entier, sans lacune, en employant deux patrons de dessin dont l'un aurait fourni le trait des réserves conservées dans l'autre patron; réserves sans lesquelles des portions entières de dessin se seraient trouvées détachées par le découpage. Ce procédé du patron pour dessiner le trait avait des précédents, on s'en était servi plusieurs fois pour les grandes lettres ornées des manuscrits, et on s'en sert encore aujourd'hui pour des adresses, des attributs, etc [1].

Deux circonstances viennent à l'appui de cette opinion, déjà émise par des juges compétents [2] : l'une c'est

sur la feuille de carte où sont imprimés les traits du dessin, et avec une brosse chargée de couleur on passe légèrement sur les découpures, dont les vides laissent la couleur se déposer sur le papier aux points où elle doit être reçue, les autres points en étant préservés par les parties non enlevées au découpage.

[1] Supposons un cercle à tracer. Si on le découpe sans lacune sur le patron, toute la circonférence intérieure du cercle se détachera du patron, et au lieu d'un trait de circonférence on aura un vide circulaire. Si, au contraire, on en découpe moitié sur un patron, moitié sur un autre, les deux demi-cercles resteront fixés aux patrons, et, après le tirage, le cercle sera complet sur le papier.

[2] M. Chatto pense que les cartes du Musée britannique, dont il a donné un *fac-simile* à la page 88 de son ouvrage, sont imprimées au patron, et M. De la Rue partage cette opinion dans son rapport sur les cartes de l'Exposition de 1851.

Nous ne nous permettrons pas d'émettre une opinion sur un monument que nous ne voyons que par un *fac-simile*, mais nous avons vu à la bibliothèque de Rouen, dans la collection Leber, une feuille comprenant seize figures de cartes aux insignes allemands, cœur, grelots, glands, feuilles, que nous croyons exécutée au patron, à l'épatement des traits et surtout des petits détails, comme le nom que les cartiers donnent encore aujourd'hui à la planche en relief sur laquelle est gravé le trait de leurs figures; ils l'appellent *moule*, et nomment *moulage* l'action d'imprimer, au lieu que la gravure en bois emploie les expressions *planches* et *imprimer*. De plus, tandis que la gravure sur bois s'imprime avec une encre grasse, les cartiers ont conservé en France, jusqu'à l'époque où le moulage fut confié à la presse typographique, l'usage d'encre à la colle pour leur *moulage* ou impression de la gravure en relief, comme pour le coloriage des figures (l'*habillage* en terme de métier). Ne sont-ce pas là des vestiges d'un procédé primitif tout différent de celui de la gravure en bois et de son impression?

Si l'on objectait que les plus anciennes cartes que l'on connaisse sont gravées sur bois, la réponse serait facile; on n'en a pas encore produit d'antérieures au saint Christophe de 1423.

les yeux, etc. M. Leber (n° III de la page 240 du tome Ier de son catalogue) les regarde comme du commencement du XVIe siècle. En admettant qu'elles ne soient pas plus anciennes, ce serait une preuve de plus de l'existence ancienne du moulage par le patron, puisqu'il aurait encore subsisté dans quelques localités longtemps après l'introduction de la gravure sur bois.

Ces figures, où, dans des drapeaux, nous avons cru reconnaître deux fois l'as de cœur, un as de feuille et un dont le signe a été coupé par le ciseau du relieur, comprennent en outre les quatre rois et offrent cette particularité remarquable que nous avons rencontrée dans notre jeu wurtembergeois cité plus haut, que les huit valets, presque tous soldats, sont distingués en deux séries par la place qu'occupent les signes cœur, glands, grelots et feuilles, qui sont posés à ceux de la troisième ligne au bas de la figure et à ceux de la quatrième en haut.

Dans les appréciations archéologiques, il est de toute nécessité de voir les monuments mêmes sur lesquels on a à se décider, aussi demanderons nous au savant auteur du traité : *Facts and speculations on the origin and history of playng cards*, si la figure citée à la page 250 de son ouvrage, où il lit valet de HEDI qu'il traduit par valet d'été, ne doit pas être lue : valet de PIED. C'est l'impression que nous a laissée la vue de cette carte de Vincent Goyraud dans la collection de la Bibliothèque impériale.

Il n'est donc nullement prouvé que les premières gravures sur bois aient été des cartes.

Après l'introduction de la gravure sur bois dans la fabrication des cartes, celle-ci est restée stationnaire, si ce n'est que, vers le milieu du XVIIIe siècle, le cuivre gravé en relief remplaça le bois.

DROIT SUR LES CARTES.

De tous les impôts, les plus justes sont indubitablement ceux qui frappent sur les superfluités du luxe. Ils n'atteignent que des personnes à qui leur fortune les rend légers, et qui s'y soumettent volontairement dans l'intérêt de leurs plaisirs. A ce titre, le droit sur les cartes est des plus légitimes; il est remboursé au fabricant par le consommateur, et s'il gêne parfois le premier, ce ne peut être quand celui-ci exerce consciencieusement son industrie, sans arrière-pensée de tromperie ou de fraude.

Dans presque tous les Etats, la fabrication des cartes est soumise à un droit, et elle rencontre nécessairement les entraves que forcent à imposer à la liberté de ce commerce la nécessité de la perception, et les moyens indispensables pour prévenir la fraude et pour la réprimer.

En France, les précautions prises par la régie des contributions indirectes consistent dans l'exercice, c'est-à-dire dans le droit de visite exercé par les préposés de la régie, plus dans la fourniture aux fabricants par l'administration :

1° Du papier filigrané destiné à l'impression des points des cartes françaises ou belges (on appelle *belges* les cartes françaises dont les figures sont à deux têtes);

2° Du *moulage*, c'est-à-dire du papier où sont imprimées, au nombre de 24, par feuilles, les figures ou les as (de trèfle) des cartes françaises ou belges ;

3° Enfin des bandes au timbre sec de l'administration. C'est un préposé de la régie qui colle lui-même, sur chaque jeu, la bande sans laquelle le jeu ne peut être vendu légalement.

Pour ces diverses fournitures, il est payé à la régie :

1° Pour 1,000 feuilles de papier filigrané, 20 francs, aujourd'hui 24 francs[1];

2° Pour 1,000 feuilles de moulage, 30 francs, aujourd'hui 36 francs;

3° Enfin, pour chaque bande destinée aux jeux français, $0^f,25$, aujourd'hui $0^f,30$.

Pour chaque bande destinée aux tarots et aux jeux étrangers, $0^f,40$, aujourd'hui $0^f,50$.

Quant aux moules (planches gravées) des figures des cartes étrangères, des tarots et des cartes françaises à dessins de fantaisie, soit que ces moules soient en relief ou en taille-douce, ils sont déposés dans les bureaux de la régie, où les fabricants en font opérer le *moulage* (l'impression) sous les yeux des préposés, qui veillent à ce que le moulage des cartes françaises de fantaisie soit fait sur papier filigrané. Pour les tarots et cartes étrangères, le papier en est libre.

Ces tarots et cartes étrangères sont exempts du droit quand ils sont destinées à l'exportation.

Le prix du papier filigrané et des moulages français dont quelques accidents ont rendu l'usage impossible est remboursé par l'administration après les constatations nécessaires.

En Angleterre, ce sont à peu près les mêmes formalités; seulement le droit et les autres charges qui pèsent sur les fabricants sont bien plus lourds qu'en France[2].

[1] Par suite de l'augmentation d'un décime ajouté en 1851, et d'un double décime de guerre en 1856.

[2] Voir le Rapport de l'Exposition de 1851, p. 446. Le rapporteur y fait remarquer que la langue technique des cartiers anglais est prise de celle des ouvriers français, et il en conclut que la Grande-Bretagne a reçu de la France l'art de cette fabrication.

Le droit de bande est de 1 schelling (1 fr. 25) par jeu; les as sont imprimés à Somerset-House sur du papier fourni par le fabricant. La planche d'as en contient 20; elle appartient au cartier, qui est obligé de payer pour cette planche au graveur, M. Perkins, 30 livres sterling, et comme il faut un as pour le commerce intérieur et un as différent pour l'exportation, c'est une dépense de 60 livres sterling. En outre, chaque cartier doit déposer deux cautionnements de 500 livres sterling chacun avant d'obtenir une licence.

Il n'y a dans le Royaume-Uni que trois villes où l'on puisse fabriquer des cartes : ce sont Londres, Westminster et Dublin.

Le Rapport de 1851 estimait à plus de 200 p. 0/0 du prix de fabrication le droit payé par les cartiers à la régie anglaise, et se plaignait amèrement de deux graves abus dont souffre le commerce honnête, la vente permise des cartes de seconde main, et la vente frauduleuse des cartes écornées.

En Allemagne, les droits varient suivant les États. Dans quelques-uns, il n'y a qu'un droit unique par jeu, quel que soit le nombre de cartes dont il se compose; dans d'autres, le droit est proportionné à la force du jeu.

Bavière : cartes de qualité ordinaire, 0,14 centimes; fines, 0,28.
Nassau et Hambourg : toutes cartes, 0,20.
Francfort (ville libre) : toutes cartes, 0,35
Hesse-Darmstadt : piquet, 0,07; whist, 0,17 1/2; tarots, 0,28.
Wurtemberg : piquet, 0,15; whist, 0,35.
Prusse et Saxe-Royale : piquet, 0,37 1/2; whist, 0,62 1/2.
Hanovre (duchés) : piquet, 0,37 1/2; whist, 0,62 1/2.
Autriche : piquet, 0,20; whist, 0,85; tarots, 1,05; piquet taille-douce, 0,40.

Dans la Hesse-Rhénane et le duché de Bade, les cartes sont exemptes de droit. Dans les États-Pontificaux, l'as de denier, que le Gouvernement se réserve le droit de livrer aux fabricants, se paye cinq baïoques.

L'impôt sur les cartes a été plusieurs siècles à s'asseoir en France. Selon M. Leber, la déclaration royale du 21 janvier 1581, qui impose sur la sortie des cartes un droit d'un écu sol par chaque caisse de cartes et tarots pesant 200 livres poids de marc, n'est pas la première ordonnance sur le fait des cartes; il en existerait une de 1561 qui aurait échappé au rédacteur du recueil publié sur ce sujet en 1777. Quoi qu'il en soit, la déclaration de 1581 ne fut pas exécutée, non plus que celle du 22 mai 1583 imposant chaque paire [1] de cartes à 1 sol parisis et chaque jeu de tarots à 2 sols, et l'administration, tantôt diminuant le droit, tantôt le supprimant, tantôt l'augmentant, lutta perpétuellement contre les fabricants jusqu'en 1751, époque où Louis XV, en fondant l'École militaire, donna à cet établissement, dans sa dotation, l'impôt sur les cartes. Ce fut alors que l'on assura définitivement la perception du droit en faisant déposer les moules dans les bureaux de la régie, en exigeant le moulage sur du papier à sa marque et fourni par elle, et en établissant l'usage de la bande du contrôle et le droit de visite chez les fabricants, les débitants et les gens donnant à jouer. Le droit était d'un denier par carte.

La législation sur les cartes était fixée et l'impôt se payait régulièrement, quand la Révolution vint le détruire, et la fabrication resta libre pendant quelques années; mais dès que le calme reparut, on sentit que, dans l'état déplorable où se trouvaient les finances, aucune ressource ne devait être négligée, et le 3 pluviôse an VI, le droit sur les cartes fut rétabli avec l'exercice

[1] A cette époque, le mot *paire*, pour désigner un jeu de cartes, était usuel. On le retrouve encore dans la déclaration royale d'Henri IV du 14 février 1605, qui porte le droit à 2 sous 6 deniers sur chaque jeu de tarots, et à 15 deniers tournois sur chaque *paire* ou *jeu de cartes*.

Ce mot vient de l'espagnol *baraja*, qui signifie en même temps brouillerie et jeu de cartes (non le jeu, mais le paquet).

de la régie. Depuis ce temps, il se perçoit avec facilité.

Le nombre de villes qui pouvaient fabriquer des cartes était fixé à 6, outre Paris, dans la déclaration de 1605 : c'étaient Rouen, Lyon, Toulouse, Troyes, Limoges et Thiers. La déclaration du 31 mai 1631 en ajoute 4 autres : Orléans, Angers, Romans et Marseille, et, dans l'arrêt du conseil du 9 novembre 1751, ce nombre est porté à 54.

Aujourd'hui, il peut s'établir des fabriques jusque dans les chefs-lieux d'arrondissement et même au-delà, si les ressources du service de la régie le permettent, et le nombre en était, en 1855, de 17 pour Paris et de 76 pour les départements.

Le produit du droit des cartes a varié par diverses circonstances. En 1806, il était de 469,189 fr.; en 1813, de 738,941 fr.; en 1814, la réduction du territoire français et les maux de la guerre l'ont fait descendre à 422,075 fr., et, en 1815, à 352,078 fr.

En 1816, malgré la réduction du droit de 25 c. à 15 c., le chiffre du produit s'est relevé; et depuis ce moment, l'augmentation a été progressive : de 402,241 fr. qu'il donna en 1816, il était arrivé, en 1847, à 707,686 fr., et, en 1852, sous le régime de la loi qui a rétabli le droit à 25 c., il a atteint 949,209 francs; en 1853, il a donné 1,021,153 fr. 33 cent.; en 1854, 997,778 fr. 35 cent.; en 1855, 1,062,152 fr. 76 cent. Ajoutons que l'administration fait tirer annuellement, à l'Imprimerie impériale, 1,200,000 feuilles de moulage au portrait français à deux têtes, et 600,000 à une tête, ce qui représente 3,600,000 jeux par an, chaque feuille fournissant les figures de deux jeux. A ce chiffre, il faut ajouter les portraits étrangers fabriqués pour l'exportation.

En Angleterre, le droit de bande produisit en 1850, pour la consommation intérieure, 11,782 liv.

st. (294,550 fr.), et, en 1851, 283,220 fr. Il est bon de remarquer, devant ces chiffres, que le droit anglais est de 1,25 par jeu, mais que l'exportation n'y subit aucun droit, tandis qu'en France, celle-ci, bien que ne payant pas de droit de bande, paye le papier de la régie pour les portraits français à tête simple ou à tête double.

Le droit sur les cartes et les précautions nécessaires pour en assurer la perception ayant une grande influence sur la fabrication et sur le prix de revient, un coup d'œil sur les prix de vente des divers pays, comparés entre eux et mis en regard des droits, ne sera peut-être pas inutile :

PRIX DE L'EXPORTATION, PAR GROSSES OU 144 JEUX DE 52 CARTES, 1re QUALITÉ.

Angleterre, droit nul		200f 00c
Francfort *idem*		100 00
France	*idem*, portraits français[1]	65 00
	idem, portraits anglais	80 00
	idem, portraits allemands, taille-douce	75 00

PRIX DE CONSOMMATION INTÉRIEURE, PAR JEU.

Angleterre, droit	1f 25c le jeu	3f 00c
Francfort, *idem*	0 35	1 00
France, *idem*	0 30 [2]	1 00
Copenhague, *idem*[3]		1 00
Russie, monopole impérial[4]		1 25
États-Unis, liberté		2
		2 50

[1] Bien que l'exportation ne paye pas de droit en France, il y a toujours le prix du papier filigrané, qui se paye à l'administration. Le prix de ce papier est de 22 francs par mille feuilles ou 2 centimes 20 par feuille. Il faut pour un jeu de 52 cartes (à raison de 24 cartes par feuilles) 2 feuilles 1/6 ; ce serait donc 0,5 à peu près par jeu, mais il faut déduire la valeur du papier, il doit rester 0 2 1/2 ou par grosse 3,60.

[2] Aux 30 centimes du droit de bande, il convient d'ajouter les 2 centimes 1/2 du droit sur le papier, dont il est parlé dans la note ci-dessus.

[3] La fabrication à Copenhague est un privilége dans les mains de M. Holmblad ; les conditions ne nous en ont pas été indiquées.

[4] Les cartes se vendent à la fabrique impériale d'Alexandrewski,

RÉCOMPENSES.

Hors de concours comme membre du Jury.

M. Th. De la Rüe, à Londres (Royaume-Uni). — Les belles cartes exposées par M. de la Rüe témoignaient du goût et du talent de cet habile manufacturier. Fabriquées par des procédés qui lui sont propres et pour lesquels il est breveté, ces cartes sont supérieures à toutes sous le rapport du papier, de la vivacité des couleurs, du glaçage et de la beauté des dessins des revers, qui représentent des fleurs, des fruits et des ornements d'une grande perfection d'exécution, d'après des dessins dus au talent de M. Owen Jones.

Trois qualités de cartes composaient son assortiment, cartes ordinaires qu'il nomme *Highlanders*, cartes première qualité désignées sous le nom de *Harrys*, et enfin cartes *Grand Mogol*, de format plus grand que les précédentes, et d'un luxe d'exécution tout exceptionnel[1].

M. Th. De la Rüe ayant reçu une grande médaille d'honneur dans la XXVe classe, pour l'ensemble de son exposition, n'est compris ici que pour mémoire.

près Saint-Pétersbourg, par paquet de deux jeux, au prix de un rouble argent par paquet, ce qui met le prix de chaque jeu à 50 kopeks ou 2 francs.

[1] On sait que M. Th. de la Rüe obtient par la lithochromie les belles fleurs qui ornent le dos de ses cartes, et par la chromotypographie les couleurs de ses figures. Ces couleurs sont d'une vivacité remarquable, peut-être même cette vivacité pourrait-elle paraître exagérée aux yeux habitués aux tons plus doux des cartes exécutées au patron. Cela tient surtout à la nécessité de donner plus de corps à l'encre typographique, et par conséquent d'y introduire du blanc, qui produit des tons de gouache, tandis que les couleurs à la colle, employées dans l'habillage au patron, se rapprochent plus de l'aquarelle et des tons en usage depuis l'origine des cartes.

Disons aussi, pour les fabricants français, que l'épaisseur des cartes, recherchée en Angleterre, est considérée en France comme un obstacle à la vivacité du jeu et à la facilité du mélange des cartes. Les Français ne mettent que trois feuilles à la carte, l'Angleterre en employe quatre, comme au XVIe siècle.

Médailles de 2e classe.

M. Alp. Arnoult (n° 9068), à Paris (France). — M. Arnoult, chef d'un établissement important, non seulement pour la fabrication des cartes, mais pour celle du carton pâte, avait exposé des cadres présentant des échantillons variés de cartes françaises, belges, espagnoles, anglaises, typographiées ou imprimées en taille-douce.

Bien qu'exécutés avec les procédés anciens, ses produits rivalisaient avec ceux des fabricants étrangers, à qui la liberté de fabrication permet et l'application de méthodes nouvelles et le choix du papier, auxquels s'oppose la législation française.

M. Arnoult, du reste, a su introduire dans ses ateliers tous les perfectionnements compatibles avec nos lois.

Ses cartes présentent toutes les qualités que nous exigeons en France : fermeté, opacité, sonorité et poli parfait.

La modération des prix de M. Arnoult lui permet un grand débouché pour l'exportation.

M. Frommann (n° 74), à Darmstadt (Hesse grand-ducale). — Ce fabricant avait envoyé de beaux échantillons, remarquables par la bonne exécution des cartes et les vives couleurs des peintures. L'importance de son établissement le met au niveau des premiers industriels de ce genre.

M. Holmblad (n° 22), à Copenhague (Danemark). — Les cartes exposées par M. Holmblad ont été spécialement remarquées par le Jury pour leur excellente fabrication et le fini des figures, dont les dessins, d'un goût parfait, sont au-dessus de ce qui se fait ordinairement pour les cartes à jouer.

M. Reuter (n° 76), à Darmstadt (Hesse grand-ducale). — L'exposition de M. Reuter ne le cédait en rien à celle de son compatriote M. Frommann; sa fabrication rivalise avec succès avec toutes les fabrications allemandes.

M. Steiger (n° 1226), à Vienne (Autriche. — La perfection des cartes envoyées par M. Steiger soutenait heureusement la réputation de son établissement, le premier de la capitale autrichienne.

M. Wüst (n° 18), à Francfort-sur-le-Mein). — L'établissement de M. Wüst, un des premiers de l'Allemagne, est remarquable par l'excellence et la grande variété de ses produits. Nous avons compté dans son exposition plus de vingt sortes différentes. A côté de jolies cartes portugaises et espagnoles et de très-belles cartes anglaises, glacées et à revers doré, on remarquait, pour l'exportation, des sortes d'un bon marché exceptionnel, une entre autres à portrait espagnol, à 15 francs la grosse.

La fabrique de M. Wüst emploie en moyenne 50 ouvriers, qui produisent journellement 12 grosses de jeux.

Mentions honorables.

MM. Bertschinger et Codina (n° 435), à Barcelone (Espagne). — La manufacture de ces exposants a une grande extension et mérite, par ses produits, la faveur dont elle jouit. Leurs cartes, comparées à celles de quelques-uns de leurs compatriotes que nous nous sommes procurées, leur sont très-supérieures; elles sont d'un meilleur goût et mieux confectionnées que beaucoup de celles qui se fabriquent à l'étranger pour l'exportation.

M. Grimaud (n° 9080), à Paris (France). — M. Grimaud a mérité l'attention du Jury par ses cartes de fantaisie et par ses cartes opaques. Les unes et les autres sont de bon goût et d'une excellente fabrication.

M. Nieburg (n° 53), à Hambourg. — Les produits

de cet exposant rivalisent avec les bons produits des fabriques allemandes. L'exécution de ses cartes est très-bonne et son établissement important.

M. Pierret (n° 10441), à Nancy (France). — M. Pierret n'avait envoyé que des spécimens peu nombreux de sa fabrication; mais leur bonne qualité a été jugée digne d'encouragement.

M. Thomas (n° 9523), à Paris (France). — Les cartes glacées à la gélatine exposées par M. Thomas ont spécialement attiré l'attention du Jury. Ses autres cartes françaises et étrangères attestent, par leur excellente confection, un soin consciencieux et une bonne direction de travail.

MM. Giergl frères, à Pesth (Hongrie), Autriche. — Bonne fabrication. — MM. Giergl, établis en 1832, emploient 20 ouvriers. Ces fabricants avaient déjà été récompensés à l'exposition de Munich en 1854.

M. Samuel Heurlin, à Stockholm (Suède). — Les cartes exposées par M. Heurlin sont en général, comme toutes les cartes du Nord, des points français et des figures variées. La fabrication en est bonne et soutient parfaitement la concurrence avec la plupart des cartes exposées.

RELIURE.

L'industrie de la reliure se divise en deux branches, la reliure des livres et la reliure des registres, travaux distincts, dont la diversité a pour cause la destination toute différente des livres et des registres.

Cette différence de travail est tellement tranchée, qu'un papetier ne réussira jamais à donner à la reliure d'un livre le goût et la solidité que désire le bibliophile. Par contre, il n'est pas un relieur qui puisse, sans une étude spéciale, confectionner convenablement un registre.

Nous diviserons donc ce rapport en deux parties principales, la reliure des livres et la fabrication des registres, et nous devrons entrer dans quelques détails techniques pour constater, dans l'intérêt des expositions futures, l'état actuel de ces industries.

1. RELIURE DES LIVRES[1].

CONSIDÉRATIONS GÉNÉRALES.

Très-simple en apparence, l'art du relieur exige de nombreuses manipulations, qui toutes demandent autant de soin que d'intelligence, et dont la trace, dispa-

[1] Le Jury a été assisté dans l'examen de la reliure des livres par deux des premiers praticiens de la capitale, MM. Bauzonnet et Capé.

raissant le plus souvent, cachée par des ornements ou par des opérations ultérieures, ne permet pas toujours de reconnaître si toutes les conditions d'une bonne reliure ont été remplies.

Ces conditions sont de deux sortes :

1° Celles qui se rapportent à la confection même du corps du livre, ce sont : la régularité de la pliure, la solidité de la couture, celle du dos, l'élasticité des charnières, etc.; 2° celles qui constituent le mérite de la dorure ou des autres ornements dépendants du relieur lui-même ; celles-ci sont toutes extérieures.

Autrefois la reliure et la dorure s'exécutaient dans le même atelier, et souvent même par le même ouvrier, comme il arrive encore généralement en province. Aujourd'hui, c'est presque toujours à des ouvriers distincts que sont confiés ces travaux, et particulièrement la dorure. Aussi doit-on reconnaître que celle-ci est infiniment plus parfaite maintenant qu'elle n'a jamais été, sinon comme goût, au moins comme exécution.

Jusqu'au XVIIIe siècle, on n'a guère connu que deux sortes de reliures, la reliure couverte en peau (veau, maroquin, etc.), avec nerfs apparents, et la reliure en vélin, telle qu'on l'exécutait si bien en Hollande. Celle-ci était une sorte d'emboîtage à dos brisé, mais dans lequel la solidité s'unissait à la souplesse et à la légèreté [1]. La reliure dite en vélin cordé, dans laquelle excellaient aussi les Hollandais, était également une reliure en vélin, mais cousue sur doubles nerfs à dos non brisé, les nerfs apparents; elle était ornée d'estampages sans or. A la fois gracieuse et solide, elle fait encore aujourd'hui l'orne-

[1] Ces volumes étaient cousus sur nerfs de parchemin ; un carton très-mince supportait le vélin qui formait la couverture, et les pointes des nerfs, passées dans les charnières, et collées sur le carton par-dessous une bande de papier fort ou de parchemin que recouvraient les gardes, suffisaient pour maintenir le tout ; des attaches de parchemin fixées sur le dos, et dont les bouts se collaient aussi sous les gardes, ajoutaient encore à la solidité.

ment des rayons in-folio et in-4°, car elle ne s'appliquait en général qu'à ces deux formats; il faut convenir cependant que la rigidité excessive du dos en rendait l'usage quelquefois incommode.

L'art des reliures hollandaises en vélin semble perdu aujourd'hui; nous ne connaissons plus que la reliure en peau, à nerfs, antérieure à l'origine de l'imprimerie, la reliure en peau dite *à la grecque*, introduite dans le XVIIIe siècle[1], la reliure dite *à dos brisé*, déjà en usage au milieu du siècle dernier[2], et la demi-reliure[3], invention allemande plus moderne encore. Le cartonnage à la Bradel, qui eut tant de vogue il y a trente ans, a presque disparu de nos bibliothèques[4].

La multiplicité toujours croissante de publications qui se livrent en grand nombre au commerce, et qu'il faut donner à bas prix, a introduit un autre genre de reliure, qui n'est qu'un emboîtage recouvert d'une toile façonnée de manière à imiter la peau. Comme la couverture en est préparée et ornementée à l'avance au

[1] On sait que la grecque est une entaille faite dans le dos des cahiers au moyen d'une scie; dans cette entaille se loge la ficelle des nerfs, et le dos du volume reste uni à l'extérieur.

Les règlements anciens, qui interdisaient sagement aux relieurs la couture à la grecque, n'avaient déjà plus d'action en 1762, puisque Dudin la décrit en détail.

[2] Dans la reliure improprement appelée à dos brisé, la peau qui recouvre le dos ne tient pas aux cahiers, elle est collée sur une bande de carte introduite entre cette peau et le dos du livre, auquel la carte n'adhère pas. Par ce moyen, le volume peut s'ouvrir complétement sans revenir sur lui-même et sans que le dos de la reliure puisse se rompre, comme il arriverait aux reliures à dos fixe. Ce mode de reliure est surtout convenable pour les gros volumes et pour ceux qui doivent être feuilletés beaucoup ou rester ouverts sur un pupitre, comme les dictionnaires et les livres de lutrin.

[3] Dans la demi-reliure, le dos et les coins sont seuls couverts en peau; les plats le sont en papier et souvent aujourd'hui en toile gauffrée. Le corps du livre est comme dans la reliure pleine, soit à dos fixe soit à dos brisé.

[4] C'était une vraie reliure à dos brisé, où la tranche du livre n'était pas rognée, et dont le dos et les cartons n'étaient couverts

moyen de plaques gravées qu'on y applique par la presse, et qui forment un encadrement ou un dessin d'une dimension calculée sur celle du livre, comme elle porte avec elle ses cartons, on ne peut l'attacher au volume que par le simple collage des gardes. C'est donc une adhérence peu solide, puisque ces gardes ne consistent que dans deux feuilles de papier, étrangères au livre lui-même, et comprises seulement dans la couture du premier et du dernier cahier. Il résulte de ces dispositions que si ces feuilles de garde viennent à se déchirer, la couverture, cartons compris, se trouve séparée du corps du livre.

L'emboîtage a sur la vraie reliure l'avantage du bon marché, mais il est loin d'avoir la même solidité; aussi ne s'employait-il autrefois que pour les almanachs qu'on offrait en étrennes, espèces d'éphémères dont la reliure n'avait pas besoin de survivre à la littérature qu'elle abritait.

Ce sont les Anglais qui, les premiers, ont appliqué aux livres de consommation générale le cartonnage emboîté. Chez eux, il a à peu près la même destination qu'avait en France le cartonnage à la Bradel : c'est une reliure provisoire, qui tient lieu, à Londres, de la brochure; aussi ne voit-on, en Angleterre, que très-peu de livres brochés.

Importé en France, l'emboîtage s'est étendu aux volumes illustrés; et aujourd'hui, qu'il s'exploite en grand, il a reçu des perfectionnements et beaucoup plus de solidité. Jusqu'ici, toutefois, il a peu d'accès dans les bibliothèques sérieuses.

Dans celles-ci, la demi-reliure et la reliure pleine sont admises presque seules, encore les bibliophiles passionnés ne leur ouvrent-ils leurs cabinets qu'à de

que de papier. On l'employait principalement comme moyen de conservation provisoire pour les livres auxquels on projetait de faire mettre plus tard un riche habillement.

certaines conditions exceptionnelles : non-seulement ils exigent une confection parfaite du corps du volume, mais ils veulent encore une ornementation de bon goût, et où la pureté des lignes, le choix et la distribution gracieuse des ornements, révèlent dans le doreur et le talent du dessin, et la sûreté de la main. Il en est d'autres qui, plus délicats encore, préfèrent ne donner à l'extérieur de leurs livres qu'une sévère simplicité, et réservent pour le maroquin, dont l'intérieur des plats est doublé, toutes les merveilles de l'art de la dorure.

Mais, en dehors des amateurs de cette belle reliure, que nous appellerons classique, il s'est formé une école romantique qui, renouvelant les usages du moyen âge, demande à d'autres artistes l'ornement de ses livres. Le sculpteur en bois, en ivoire et en métaux, l'estampeur, le joaillier, le bijoutier, deviennent les auxiliaires du relieur, ou plutôt ses tyrans, car ils le plient à leurs fantaisies jusqu'à lui faire sacrifier, parfois, ses habitudes de bonne confection; ce sont ces despotes qui exigent de lui ces dos maigres, hors de proportion avec l'épaisseur que les ornements donnent au volume, et ces charnières flexibles si propres à faire douter de la solidité de la reliure, si ces livres étaient destinés à être ouverts. Qu'arrive-t-il? c'est qu'à ces volumes chamarrés d'acier, d'or et de pierreries, l'entrée des vraies bibliothèques reste fermée. Comment s'accorderaient-ils avec leurs voisins, qu'ils blesseraient à tout instant par les formes aiguës de leurs broderies aristocratiques?

Du reste, si leur richesse les rend peu propres à vivre en société, ces lions de la reliure s'en consolent en étalant leur faste sur des étagères, au milieu des curiosités du moyen âge; les plus modestes se contentent de briller dans des oratoires, dont ils complétent l'ameublement, peu d'accord, souvent, avec les principes sévères de la simplicité évangélique.

Il en est d'autres, toutefois, dont la destination est aussi sérieuse que respectable ; ce sont : tantôt des gages des serments nuptiaux, tantôt des monuments de la piété filiale, quelquefois de vrais reliquaires, à qui le survivant confie une correspondance chérie, douloureux souvenir d'une affection brisée par la mort. Inclinons-nous devant cette religion du cœur ; quel culte pour elle serait trop somptueux ?

Tout en redoutant l'envahissement de la bijouterie, auquel on aura peut-être un jour à reprocher la décadence de l'art véritable de la reliure, le Jury n'a pas cru devoir se montrer plus sévère que le public. Il reconnaît d'ailleurs que, pour ces splendeurs bibliopégiques, il faut beaucoup de goût et de talent dans le dessinateur, beaucoup d'habileté dans les exécutants.

L'Exposition de 1855 a offert des spécimens des différentes reliures dont il vient d'être question ; et bien que l'on ait à regretter que les maîtres de l'art, les Bauzonnet-Trautz, les Capé, les Duru, les Ottman-Duplanil, les Petit et autres habiles relieurs, n'aient pas cru devoir apporter à ce concours universel leurs beaux ouvrages, si recherchés des vrais connaisseurs, il restait encore des travaux estimables à récompenser.

Le Jury a constaté aussi avec regret qu'à l'exception de la France et de l'Angleterre, ainsi que des colonies, qui reçoivent l'influence de la civilisation de ces métropoles, les autres peuples n'ont envoyé que des produits d'une infériorité que nous nous garderions de signaler si nous n'espérions éveiller par cette remarque l'amour-propre national des artistes étrangers. Au lieu de ces belles reliures en vélin uni, qui ajoutaient tant de prix aux exemplaires des éditions classiques dites *cum notis variorum*, au lieu de ces admirables vélins cordés dont ils avaient seuls le secret, les Hollandais n'ont présenté que des imitations malheureuses de nos reliures modernes, dont ils ne semblent pas même avoir saisi la facture. Les Allemands n'ont guère été plus heureux [1]; fait d'autant plus étonnant que la plupart des meilleurs ouvriers relieurs de Paris, et surtout des doreurs sont d'origine allemande.

Quant aux autres peuples, la reliure, chez eux, semble être encore au berceau.

Le Jury espère que les encouragements qu'il a accordés exciteront une juste émulation, et qu'une exposition nouvelle apportera des essais plus heureux.

C'est donc réellement entre la France et l'Angleterre que s'est établi le concours de 1855. L'un et l'autre pays ont offert des produits remarquables, mais qui ne sont pas cependant à l'abri de tout reproche. La solidité des dos des bonnes reliures françaises est à toute épreuve, mais les livres ne s'ouvrent qu'avec peine; l'ouverture des livres reliés en Angleterre est facile, mais leur endossure, ne faisant pas corps avec le dos de la couverture, ne peut résister longtemps à l'usage.

Ainsi, tant qu'on n'aura pas découvert une couture et une endossure au moyen desquelles l'élasticité des dos se trouve conciliée avec la solidité, le problème d'une reliure parfaite ne sera pas résolu complétement.

Que les artistes de notre époque ne se blessent pas, du reste, de cette observation. Elle s'applique également aux reliures si recherchées des siècles passés; et les Grolier du XVIe siècle, comme les vélins cordés des Hollandais, des XVIIe et XVIIIe, péchaient également par trop de rigidité dans les dos.

C'est sans doute ce qui conduisit les Anglais, il y a environ vingt-cinq ans, à inventer les dos plats; mais cette forme, quelque temps en vogue, ne tarda pas à

[1] L'Allemagne possède aussi d'excellents relieurs, mais ils n'ont point paru à l'Exposition.

laisser apparaître ses défauts. L'usage démontra que de plats qu'ils devaient être, les dos devenaient bientôt concaves et que la gouttière finissait par se déformer et se rejeter en dehors.

On est revenu aujourd'hui aux dos arrondis; toutefois, comme il arrive dans toute réaction, on a dépassé le but, et on pourrait reprocher aux dos des reliures françaises d'être trop ronds maintenant.

Certes, en beaucoup de points, les reliures actuelles l'emportent sur les reliures anciennes. Grâce au laminage, les cartons sont plus fermes et plus solides avec la même épaisseur; grâce à un sage emploi de la règle et du compas, les bords sont plus nets, plus réguliers; les filets mieux tirés et plus fermes; mais le goût n'a pas fait d'aussi grands progrès, et les plus beaux ornements sont encore des copies de nos anciens maîtres.

Quant au corps du livre, il était excellent chez les artistes du XVIe et du XVIIe siècle; et ce n'est qu'en étudiant avec attention leurs diverses natures de reliures, en démontant leurs ouvrages et en les disséquant avec soin, pour reconnaître les détails de leurs différentes manipulations [1], qu'on parviendra à approcher le plus possible de la perfection; allier à notre régularité et à notre habileté d'exécution ceux de leurs procédés qui pourront s'adapter aux usages actuels : voilà, aujourd'hui, la condition du progrès.

Sous le rapport du prix des reliures, le Jury n'a pu établir de comparaisons complètes, les exposants n'ayant donné, à ce sujet, que peu de renseignements.

Cependant, il a pu se convaincre que les reliures et les demi-reliures des grands formats sont moins chères de beaucoup à Londres qu'à Paris.

Dans les petits formats et pour les reliures usuelles,

[1] La reliure est encore à peu près aujourd'hui, quant aux opérations principales, ce qu'elle était avant l'invention de l'imprimerie.

la France soutient la concurrence, comme le prouvent les livres exposés par M. Mame, de Tours, M. Barbou, de Limoges, et plusieurs autres imprimeurs qui ont de grands ateliers de reliure [1]. C'est au système de la fabrication en grand et à une habile distribution du travail qu'est due cette modération des prix. On ne peut nier toutefois que la perfection, si recherchée des bibliophiles, ne saurait être atteinte par ce procédé tout manufacturier, qui peut être bon au point de vue commercial, mais qui conduirait bientôt l'art à une perte certaine. Qu'on n'oublie pas non plus que ce bon marché qu'on trouve dans les grands établissements dont nous venons de faire mention tient aussi à une autre cause, c'est que ces ateliers relient à la fois un grand nombre d'exemplaires du même ouvrage, ce qui leur épargne une partie des manipulations nombreuses et de la perte de temps auxquelles donnent lieu non-seulement la diversité des livres confiés aux relieurs par des personnes de goûts et de fortunes différentes, mais aussi la variété des ornementations exigées par les amateurs.

Que l'industrie cherche donc les moyens de diminuer les prix, elle en sera dédommagée amplement par le débit et la fortune; pour nous, notre devoir est de récompenser, par les témoignages de l'estime et de la gratitude publique, le dévouement des artistes [2] dignes de ce nom, et de les encourager à perpétuer les bonnes doctrines par leurs exemples.

[1] Il est fâcheux que M. Maître, de Dijon, n'ait rien envoyé. Ses reliures auraient heureusement soutenu la concurrence avec les maisons citées ici.

[2] Il n'y a qu'un véritable amour de l'art qui puisse soutenir ces hommes désintéressés dans la voie ingrate qu'ils ont choisie. Le chiffre, auquel s'arrête annuellement le produit des premiers ateliers des relieurs artistes, comme Bauzonnet, Capé, Duru, etc., etc., est vraiment décourageant, quand on le compare avec le bénéfice des ateliers montés en manufactures.

RÉCOMPENSES.

FRANCE.

Médailles de 1re classe.

Mme Gruel-Engelmann (n° 9324), Paris. — En tête de l'exposition des reliures françaises doit être citée Mme Gruel-Engelmann. Mme Gruel a exposé de charmants volumes, où le mérite de la dorure le dispute à la bonne exécution de la reliure; quant au genre, si à la mode aujourd'hui, des reliures d'étagères, il n'est guère possible de rien produire qui l'emporte sur les ornements exposés par cette dame. Ses progrès sont notables, surtout depuis que M. Engelmann est venu lui apporter le secours de son talent et de son goût.

C'est très-certainement au beau style des ornements sortis des ateliers de Mme Gruel, ainsi qu'à l'habileté des ouvriers qui les préparent et les mettent en œuvre, qu'est due la faveur que ce genre de décoration a trouvée dans le public.

Cette mode est portée aujourd'hui au plus haut point, et sans parler de l'album offert au Prince royal de Prusse pour son mariage, et auquel le Jury de l'orfévrerie a décerné une médaille d'honneur, le public a pu admirer pendant quelque temps, dans la vitrine de M. Dutertre, bijoutier à Genève, un petit volume d'heures en espagnol et en latin, format in-18, dont la reliure seule était cotée 16,000 francs; hâtons-nous de dire que le dos et les plats, en or émaillé nacarat, étaient couverts d'applications d'or ciselées dans le goût gothique, et qu'au milieu de ces ornements se détachaient deux charmantes miniatures sur émail, l'une copiée de la belle Jardinière de Raphaël, l'autre représentant l'enfant Jésus portant la croix. Sous le médaillon de la belle Jardinière s'ouvrait une petite niche contenant une montre lilliputienne; enfin le volume se fermait au moyen d'une agrafe d'or présentant le chiffre de l'Impératrice, et les diamants qui brillaient, tant sur ce fermoir que sur les autres ornements du volume s'élevaient à près de 35 karats.

Mais quittons ce bijou, digne des Mille et une Nuits, et revenons au positif de la reliure classique.

M. Lortic (n° 9331), Paris. — Le Jury a visité avec intérêt la vitrine de M. Lortic. M. Lortic est un relieur de talent; le corps de sa reliure est convenablement exécuté; sa dorure est d'un bon dessin, ses fers poussés d'une main assurée, et M. Lortic est appelé à devenir un de nos premiers relieurs, s'il veut bien comprendre que l'artiste le plus habile a toujours beaucoup à faire pour se rapprocher de la perfection.

M. Bruyère aîné (n° 9317), Lyon. — Un artiste modeste de province, M. Bruyère aîné, de Lyon, n'avait envoyé que peu de volumes au concours, mais le bon goût des dorures, la sûreté de la main, l'excellente confection du corps du livre, ont placé cet artiste au niveau des premiers exposants de la capitale. Que M. Bruyère persévère dans cette voie consciencieuse et sage, et il soutiendra avec honneur le drapeau de la seconde ville de l'Empire.

M. Lenègre (n° 10423), Paris. — Plus usuels et plus répandus que les reliures précédentes, les cartonnages de M. Lenègre luttent avec avantage avec les cartonnages anglais. Les dorures qui s'y appliquent au moyen de plaques gravées et de presses chauffées à la vapeur, font de ce genre de couverture de livres un luxe à bon marché, qui convient surtout aux prix des maisons d'éducation, aux cadeaux du jour de l'an et aux exhibitions des salons; aussi la consommation s'en augmente-t-elle tous les jours, et les ateliers de M. Lenègre sont-ils aujourd'hui une véritable manufacture.

Ainsi que nous l'avons dit plus haut, cette industrie du cartonnage emboîté est d'origine anglaise, mais elle a pris en France un autre caractère. Au lieu d'être,

14.

comme chez nos voisins, une reliure provisoire où le livre n'est qu'ébarbé pour conserver toute sa marge, en France, le livre à cartonner est doré sur tranche, ce qui en fait une reliure définitive, à laquelle M. Lenègre a cherché à donner plus de solidité.

Sous ce point de vue, il a déjà introduit dans la fabrication de véritables améliorations, mais il lui reste encore à faire, et le Jury exprime l'espoir que cet industriel, en s'appliquant à perfectionner ses procédés, arrivera à donner à ses emboîtages toute la solidité de la reliure.

Disons aussi que pour les reliures pleines et les demi-reliures, les ateliers de M. Lenègre méritent d'être classés au nombre des meilleurs de la capitale.

Quoique belles, les reliures de l'Imprimerie impériale et celles de la vitrine de M. Curmer n'ont pas dû être jugées par le Jury, elles n'étaient pas exposées dans le but de concourir avec les reliures.

Médaille de 2e classe.

M. Despierres (n° 9318), à Paris. — M. Despierres a exposé des albums et des livres reliés; parmi ces derniers, on pouvait remarquer un recueil d'armoiries, volume in-folio avec une reliure en mosaïque, genre Grolier, et un autre volume également de format in-folio (*Portraits des hommes illustres*) relié en maroquin vert; sur le plat de celui-ci était dessiné en traits d'or tracés avec des roulettes et d'autres fers de différentes formes un guerrier revêtu d'une armure comme au moyen âge.

Cette dorure, qui a dû coûter beaucoup de temps et de travail à l'artiste[1], atteste sans doute l'habileté de

[1] M. Despierres a été autrefois doreur chez M. Alphonse Simier, qu'il ne faut pas confondre avec M. Jean Simier dont il sera question plus loin.

sa main, mais elle fait regretter que cette habileté n'ait pas été employée à des ornements plus simples et d'un goût plus pur.

Quant aux ornements en reliefs ménagés sous le maroquin, et dont M. Despierres se félicite d'être l'introducteur, ce peut être une grande difficulté vaincue; ce peut être un genre de décoration goûté des acquéreurs d'albums, mais pour les livres, et surtout pour les formats au-dessous de l'in-folio, on ne saurait trop engager M. Despierres et ses confrères à en être excessivement sobres; ils reconnaîtront facilement que cette reliure lourde et disgracieuse est un non-sens pour les petits formats, s'ils veulent se rendre compte des motifs que les relieurs antérieurs à l'invention de l'imprimerie avaient eus pour l'adopter. Les livres, à cette époque, étaient écrits presque tous sur peau de vélin; cette peau est très-lourde, et, pour que les couvertures pussent résister à ce poids, il fallait leur donner une solidité et une épaisseur que les cartons simples n'avaient pas alors. C'était par des couvertures en bois ou par des cartons renforcés au moyen d'un doublage qu'on parvenait à ce but; ajoutons que les volumes étaient posés à plat sur des pupitres, comme aujourd'hui les livres de lutrin, que l'usage et les variations de température faisaient boursoufler les feuillets et bâiller les volumes, nouveau motif de donner à la couverture un poids suffisant pour forcer les livres à se tenir fermés; de là aussi l'usage des fermoirs qui, avant d'être des ornements, étaient surtout des instruments nécessaires de fermeture.

Qu'y a-t-il de commun entre les manuscrits du moyen âge et les livres d'aujourd'hui, qui se pressent debout sur des rayons où l'entassement ne leur permet pas de s'entr'ouvrir, et qui, de plus, sont formés de papier non collé, sans élasticité propre, et affaibli encore par le satinage? Imitons nos pères, mais imitons-les avec discernement.

Quant à ses albums, M. Despierres jouit d'une juste réputation, et son album à replis a semblé au Jury une heureuse innovation.

Mentions honorables.

M. Jean Simier[1] (n° 9341), à Paris, a présenté à l'Exposition plusieurs volumes qui témoignent de ses efforts. Le Jury a remarqué des Heures, petit in-8°, maroquin mosaïque, et un manuscrit de Tite-Live, in-folio sur vélin avec de belles miniatures. La reliure en maroquin rouge de ce dernier volume est solidement établie, et la dorure, d'un goût sage, est bien exécutée.

M. Maillet (n° 10425), Paris.

La même récompense a été décernée à M. Maillet, dont la vitrine offrait de bons spécimens d'albums et de reliures de musique.

C'est avec regret, mais c'est à dessein, que le Jury s'est abstenu de citer plusieurs reliures de luxe envoyées par les départements, et auxquelles leurs auteurs ont consacré un temps et des soins que le succès n'a pas justifiés. En encourageant ces artistes dans une voie qui n'est pas dans la ligne de leur talent, le Jury les eût maintenus dans une erreur dangereuse. Il croit de son devoir de les engager à mieux consulter leurs forces et à employer plus utilement leur habileté pratique en se perfectionnant dans les travaux relatifs à la confection intérieure des volumes. Par l'étude des bons modèles, ils se convaincront que la solidité et la grâce de la reliure, la simplicité du dessin et la pureté de l'exécution sont les premiers mérites qu'il faut recher-

[1] Les relieurs de ce nom qui, de 1800 à 1847, ont constamment obtenu, à toutes les expositions, les plus hautes récompenses accordées à l'art de la reliure, sont MM. René Simier et Alphonse Simier son fils. Leur successeur est M. Petit, qui n'a pas exposé.

cher. Tout le luxe de la décoration extérieure ne peut racheter le vice d'une reliure imparfaite ou d'une ornementation sans goût.

COOPÉRATEURS FRANÇAIS.

Médailles de 2e classe.

Indépendamment des relieurs exposants dont il vient d'être question, le Jury a dû s'occuper aussi des auxiliaires et des ouvriers qui lui ont été recommandés par leurs patrons; en conséquence, il a accordé la médaille de 2e classe à :

M. Marius Michel, habile doreur, dont quelques beaux ornements figuraient dans l'exposition de Mme Gruel;

Et à M. Bressy, qui dirige les ateliers de reliure de M. Mame, de Tours. M. Mame se plaît à rendre témoignage, tant de la bonne direction donnée aux travaux par M. Bressy, que de l'habileté personnelle de ce contre-maître, et comme doreur et pour la confection du corps du livre.

Mentions honorables.

M. Mézamat, à Paris (France), ouvrier doreur, qui a mérité par sa conduite et son habileté une recommandation spéciale de l'Imprimerie impériale de France.

M. André, à Paris (France), ouvrier doreur, non moins habile, recommandé également par l'Imprimerie impériale de France.

M. A. Defrance, contre-maître chez Mme Gruel.

M. Bourdeille, ouvrier doreur chez M. Despierres.

M. Froment, M. Linassier, } doreurs chez M. Mame.

M. Wampflug, doreur chez M. Lortic.

Mlle Ursule Hotot, ouvrière chez Mme Gruel.

Mlle Chamiot Varand, ouvrière depuis longues années chez M. Bruyère aîné, de Lyon.

M. Delagardette, doreur.

ROYAUME-UNI.

Les reliures exposées par l'Angleterre sont en général bien confectionnées, la dorure en est riche, et les peaux employées sont d'un beau choix. La dorure anglaise n'a pas toujours, il est vrai, ce brillant qu'on recherche, et le corps du livre manque parfois de ce fini qui distingue les œuvres des premiers relieurs français; mais l'ensemble n'est pas sans grâce, et si l'ornementation laisse à désirer sous le point de vue du style, si l'on y trouve trop souvent l'imitation ou même la copie des dessins de l'époque Louis XV, on a pu remarquer aussi de jolis volumes dorés dans le goût de la renaissance, et parfaitement exécutés. On verra tout à l'heure que c'est à un ouvrier anglais qu'est due une dorure à petits fers, dont la perfection, nous nous empressons de le dire, a fait l'admiration des experts.

Un des points sur lesquels nous devons appeler l'attention de MM. les relieurs anglais, c'est l'épaisseur de leurs maroquins; ils ne les parent pas assez, ce qui donne de la lourdeur à leur travail, principalement vers les arêtes des cartons, qui, très-nettement coupés peut-être, paraissent arrondis, en raison de l'épaisseur de la peau qui les recouvre; il serait à désirer aussi qu'ils donnassent plus de pureté, plus de netteté à leurs charnières dans les mors, et plus de fermeté à leur endossure.

A part ces observations, le Jury se plaît à reconnaître que la reliure anglaise a fait de grands progrès, et que les livres exposés en 1855 sont infiniment supérieurs à ceux qui sont entrés, il y a quelques années, dans les cabinets des amateurs français, et qui provenaient alors des meilleurs ateliers de Londres.

Le Jury exprime ici, comme il l'a fait pour la France, le regret que plusieurs des bons relieurs anglais se soient abstenus d'envoyer leurs ouvrages au concours;

cinq seulement ont exposé, tous les cinq ont obtenu d'honorables récompenses.

Médailles de 1re classe.

M. Francis Bedfort (n° 1951), à Londres. — Un volume grand in-folio, relié par M. Francis Bedfort pour M. Slade (*Views in England and Wales, by Turner*), a d'abord attiré l'attention de la commission; ce volume, par le grand nombre de figures qu'il contient, et par la force du papier sur lequel il est imprimé, offrait d'assez grandes difficultés d'exécution; elles ont été heureusement surmontées par l'artiste, et la reliure en maroquin, large dorure Louis XV à la Padeloup, s'ouvre bien et réunit au mérite d'une ornementation bien exécutée une solidité qu'on trouve rarement dans ces grands ouvrages.

M. Holloway (n° 1972), à Londres. — Les reliures envoyées par M. Holloway sont en général excellentes; on y a remarqué, entre autres, une jolie mosaïque dessinée et exécutée avec goût sur un volume in-8° (*the Poet's pleasance, 1847*); d'autres petits volumes de cette vitrine ont reçu des jurés des louanges unanimes.

M. Rivière (n° 1974), à Londres. — Dans l'exposition de M. Rivière figuraient plus de volumes in-folio et d'in-4° que chez ses confrères; des in-4° en veau racine, genre français, se distinguaient par la perfection remarquable de cette nature de marbrure difficile à obtenir; une bible en langue bohème, in-folio, maroquin bleu, ornements sans or, parfaitement d'accord avec la date du livre, aurait mérité plus d'éloges, si l'endossure, beaucoup trop dure, ne nuisait pas à l'ouverture, défaut, du reste, très-contraire aux habitudes anglaises. Mais l'œuvre capitale de la vitrine de M. Rivière était un Virgile en maroquin blanc, ornements en mosaïque, où les difficultés d'exécution ont été vaincues avec autant de bonheur que le dessin tracé avec talent.

En général, on a vu avec peine la tendance de cet artiste à imiter la reliure française de l'époque où la pureté de goût est le plus contestable, la fin du XVIIIe siècle.

M. Wrights, à Londres. — En examinant les ouvrages présentés par des éditeurs, la classe a été frappée de l'excellente reliure de plusieurs volumes figurant parmi les livres de M. Bohn, et elle a cru devoir en récompenser l'auteur, M. Wrights, bien qu'il ne se fût pas placé au nombre des exposants. Les reliures de M. Wrights sont, en effet, remarquables par la bonne confection des volumes et par le bon marché auquel elles sont établies. C'est surtout pour les grands formats que cette condition se trouve remplie, et, si l'on en croit les renseignements qui ont été communiqués au Jury, les volumes grand in-folio des *Antiquités mexicaines,* de lord Kingsborough, en demi-reliure, dos de maroquin vert, à larges coins, n'auraient été payés au relieur que 30 f. 50 chacun, les grands in-4°, comme les ouvrages de Pugin, en maroquin plein, avec ornements sur les plats, 35 francs, et un très-grand in-folio, format d'atlas (dit en anglais, *elephant folio*), reliure en maroquin, large dorure, genre Louis XV, imité de Padeloup, 150 francs. Il faut ajouter que toutes ces reliures ont encore le mérite d'être d'une excellente facture, très-solides, et d'un maroquin de beau choix.

Outre les reliures qui viennent d'être mentionnées, le cartonnage anglais était représenté par quatre exposants dont trois ont été jugés dignes également de la médaille de 1re classe, ce sont :

MM. Leighton fils et Hodges (n° 1892), à Londres, dont les ateliers fabriquent en grand l'emboîtage en toile et en peau, et qui, au même titre que M. Lenègre, de Paris, méritent l'attention du Jury ;

MM. Eeles et fils (n° 1971), à Londres, qui, sans exposer comme MM. Leighton des cartonnages et des reliures confectionnées, ont présenté un très-beau choix de couvertures toutes dorées, en différents genres et sur des dessins souvent heureux;

M. John Leighton (n° 1892), Londres (Royaume-Uni), dont les cadres offraient une suite de dessins variés pour l'ornementation des livres.

Médaille de 2e classe.

M. Clements (n° 1970), à Londres, dont les modèles moins nombreux et moins parfaits que ceux de MM. Eeles, avaient encore un mérite réel.

Mentions honorables.

Les colonies anglaises ont obtenu trois mentions honorables, méritées par M. Miller, de Montréal (Canada); M. Young, de la même ville, et MM. Waugh et Cox, de Sidney.

MM. Waugh et Cox avaient exposé deux almanachs de Fod (1852 et 1853), in-8°, reliés en cuir de Russie; ce qui distinguait surtout ces volumes, c'est que, sous la tranche dorée, se trouvait un paysage à l'aquarelle. Ce genre d'ornement, inventé primitivement en Angleterre, a eu quelque vogue en France il y a vingt-cinq ou trente ans; et ces deux volumes en sont les seuls spécimens que nous ayons vus à cette exposition.

Nous devons citer encore de très-bonnes reliures, en maroquin bleu, exécutées à Madras, sur des bibles en diverses langues de l'Inde. La Compagnie des Indes qui les exposait, ayant reçu une grande médaille d'honneur pour l'ensemble de ses collections, il devenait inutile de lui donner une récompense inférieure pour un objet de détail.

Nous ne quitterons pas cependant cette brillante exposition indienne sans dire un mot de quelques reliures particulières, dont les plus remarquables étaient :

1° La reliure persane d'un petit Coran, in-8°, d'une délicieuse écriture; les plats en carton de ce volume étaient décorés de fleurs peintes en or et en couleurs; ils étaient couverts d'un beau vernis laque; cette sorte de reliure est dans l'Inde un luxe royal[1].

2° Un manuscrit birman, sur feuilles de palmier vernies, ayant pour couverture deux ais de bois, avec ornements d'or, sur fond laque rouge;

3° Un livre tibétain[2], enfermé entre deux ais de bois richement sculptés.

COOPÉRATEUR ANGLAIS.

MM. les exposants anglais n'ont pas envoyé, comme on l'a fait en France, de recommandations pour des contre-maîtres ou des ouvriers; mais un ouvrage, qui n'était pas exposé par un relieur (*Breviarium aberdonense*, 2 volumes in-4°, réimpression gothique, par M. Toowey), a fixé, par sa belle reliure, l'attention du Jury.

Ces deux volumes, en maroquin rouge, étaient décorés d'une dorure à petits fers, dans le style de Gascon, avec doublures en maroquin vert, présentant une dorure du même genre. Intérieurement, comme à l'extérieur, l'admirable régularité des lignes, l'exactitude des reprises, la symétrie et la fermeté des petits fers, auraient pu faire soupçonner l'intervention d'un moyen mécanique, si des informations prises à Londres n'avaient levé tous les doutes et apporté la certitude que c'était à la main seule d'un habile doreur, appartenant aux ate-

[1] C'est ainsi qu'était décoré le manuscrit original de l'Ayeen-Akbery, qui avait appartenu au sultan de Mysore, et qui fut vendu 16,000 francs à la vente Langlès, en 1827.

[2] On sait que les livres des Siamois, des Tibétains, des Tamouls, sont ordinairement écrits sur feuilles de palmier, longues et étroites, et comprises entre deux planchettes de la même forme; le tout retenu par une cordelette passant dans un trou qui traverse de part en part le livre et la converture.

liers de M. Wrights, qu'était due cette œuvre d'une rare perfection.

Une médaille de 2e classe a été décernée à M. Rodwell, auteur de ce travail hors ligne; et nous nous plaisons à lui faire savoir publiquement ici que, sous le rapport du bon goût et de la perfection de sa dorure, MM. Bauzonnet et Capé, experts, qui accompagnaient le Jury dans sa visite, ont déclaré que l'œuvre de M. Rodwell avait à leurs yeux un mérite supérieur.

AUTRES NATIONS.

Médailles de 2e classe.

Des reliures, en veau et en maroquin, ont été présentées à l'Exposition par MM. Ferim et Robin, de Lisbonne; la commission y a reconnu des qualités d'exécution qui ne laissent pas de doute qu'avec des soins et l'étude attentive des bons modèles ces artistes ne puissent arriver à produire des ouvagres très-estimables.

M. Ludwig, à Francfort. — Pour ses reliures en maroquin exécutées sur les publications de luxe de M. Keller.

Mentions honorables.

En décernant une mention honorable à chacune des personnes dont les noms suivent, le Jury exprime l'espoir qu'à une prochaine exposition ces artistes présenteront des ouvrages dignes de plus hautes récompenses :

M. Ripamonti-Carpano (n° 1220), à Milan (Autriche). — Reliure en velours brodé, avec application de sculptures en bois et en ivoire.

M. Beer (n° 146 *bis*), à Munich (Bavière). — Boîte reliure en veau fauve, belle ornementation.

M. Escherich (n° 146), à Munich (Bavière). — Boîte reliure ornée avec goût.

M. Neitsch, à Eslang (Bavière). — Un album décoré de sculptures en ivoire enlacées avec une guirlande de maroquin.

M. Pernot, à Gand (Belgique). — Un grand in-folio (*Loges de Raphaël*), reliure de luxe.

M. Clément (n° 84), à Copenhague (Danemark).

M. Claussen (n° 83), à Copenhague (Danemark).

M. Heinritz, à Lubeck.

M. Micolci (n° 73), à Hambourg.

M. Bouschott (n° 252), à La Haye (Pays-Bas). — Un album.

MM. Vander-Heuvel frères (n° 275), à La Haye (Pays-Bas).

M. Rinck (n° 237), à La Haye (Pays-Bas). — Reliures et albums.

M. Regeer, à Rotterdam (Pays-Bas). — Reliures et boîtes reliures.

M. Koppe (n° 117), à Christiania (Norwége).

M. Jons (n° 177), à Christiania (Norwége).

M. Beck (n° 401), à Stockholm (Suède).

N'oublions pas, en terminant, les reliures arabes, la plupart à recouvrements, qui se voyaient dans les vitrines égyptiennes. Sans avoir le fini et l'élégance qu'on remarquait autrefois dans les reliures de Constantinople, les reliures de Boulaq sont solides et convenablement établies. Malheureusement on y trouve aussi une tendance à imiter les reliures européennes, qui ne sont d'accord, il faut le dire, ni avec le goût oriental, ni avec les besoins de la lecture arabe, dont la marche est contraire à celle des écritures de l'Occident.

Avec les reliures égyptiennes on a pu comparer quelques imitations de reliures arabes exposées dans les livres de M. Bastide, imprimeur-libraire à Alger. L'auteur de ces reliures, M. Goulesque, parviendra facilement à atteindre la perfection dans ce genre, s'il peut se procurer quelques modèles des reliures soignées exécutées autrefois en Turquie.

II. RELIURE DES REGISTRES.

CONSIDÉRATIONS GÉNÉRALES.

Depuis le commencement de ce siècle, la fabrication des registres a fait de tels progrès qu'elle n'est plus reconnaissable. La couture, l'endossure, la couvrure, tout en a changé; c'est aujourd'hui un art nouveau.

En France, du temps des maîtrises, les relieurs seuls étaient en possession de fabriquer les registres; ce droit leur avait été longtemps contesté par les papetiers, mais les statuts et règlements de 1750, par lesquels la communauté des relieurs et doreurs de livres avait été définitivement constituée, avaient donné gain de cause à ceux-ci, et le droit des papetiers s'était trouvé réduit à la confection et à la vente des registres de papier blanc, *seulement brochés avec papier tortillé et bouts de cuir*[1]. Quant aux relieurs, ils étaient tenus de relier les registres comme les livres, *avec vrais nerfs.*

Et, de fait, la reliure des registres resta longtemps semblable à celle des livres; elle n'en différait généralement que par la peau qui servait à en couvrir le carton; c'était presque toujours du parchemin ou de la basane passée en mégie.

[1] Nous n'avons pu trouver d'explications sur cette expression *papier tortillé et bouts de cuir*.

Il paraît, du reste, que cet article du règlement n'avait pas tardé à tomber en désuétude; car, d'après l'*Art du relieur*, de Dudin, 1762, les papetiers pouvaient faire, concurremment avec les relieurs, la reliure lyonnaise dont il sera question plus loin; les relieurs même s'en occupaient rarement.

On pratiquait cependant pour les registres un second mode de fabrication, la *reliure lyonnaise*. Celle-ci n'était en réalité qu'un véritable emboîtage dans un portefeuille formé de trois morceaux de carton, un pour le dos et deux pour les plats; quelquefois on y ajoutait un recouvrement comme aux reliures orientales. Le dos du livre était plat, les cahiers se cousaient sur double ficelle, on les tranchefilait solidement, et quand le registre était préparé, et que, d'un autre côté, le portefeuille était couvert, on les fixait l'un à l'autre par le dos au moyen d'attaches introduites sous les nervures et traversant des trous pratiqués au poinçon dans le dos du portefeuille. Les bouts des nerfs étaient passés en même temps dans les cartons des plats, comme on le fait dans la reliure. Quand tout tenait solidement ensemble, on cachait les trous et les attaches par de larges pattes en peau d'une couleur tranchant sur celle de la couverture. Ces pattes, en même nombre que les nerfs, embrassaient, chacune dans sa longueur, le dos et la moitié de chacun des plats; elles se fixaient sur le carton par des lacets qui entraient dans des trous symétriquement percés, et en ressortaient alternativement en produisant des dessins de passementerie qui servaient d'ornement au volume[1].

Toutes ces méthodes n'existent plus guère que dans les souvenirs; de nouveaux besoins ont amené un nouveau mode de reliure, et l'on s'étonnera peu de ce progrès si l'on considère que la comptabilité a pris, depuis quelques années, une extension extraordinaire par l'augmentation des affaires commerciales et par l'établissement de ces entreprises colossales de banques,

[1] La mode de ces pattes n'est pas entièrement perdue. On a pu remarquer dans la vitrine de M. Th. De la Rue, de Londres, plusieurs petits registres auxquels on avait donné cet ornement. (Voir dans l'*Art du relieur*, de Dudin, les détails des manipulations minutieuses qu'exigeait la reliure lyonnaise.)

d'assurances, de chemins de fer, d'usines, etc., que dans sa fièvre de gain notre époque élève partout. Il a donc fallu créer des registres beaucoup plus gros, et en même temps beaucoup plus larges, pour contenir les nombreuses colonnes, multipliées aujourd'hui presque à l'infini par suite de l'adoption générale des parties doubles et de la méthode du livre de raison de Quinet, ainsi que du journal-grand-livre[1].

Pour l'intelligence des progrès de la fabrication des registres depuis un demi-siècle, nous décrirons sommairement les procédés successivement adoptés.

C'est à partir de 1807, époque de l'adoption des parties doubles dans la comptabilité du trésor public[2], que plusieurs maisons de Paris commencèrent à introduire quelques changements dans leur fabrication. L'ancienne reliure à nerfs et à dos fixes, semblable à celle des livres, fut abandonnée et remplacée par la reliure à la grecque à dos brisé, dans laquelle le dos de la couverture est collé non sur le dos des cahiers, mais sur une forte carte introduite entre le volume et la peau de la couverture, disposition qui rend le dos des cahiers indépendant du dos extérieur, et lui donne la facilité de se mouvoir sans déformer celui-ci. Mais en adoptant la méthode suivie par les relieurs de livres pour le dos brisé, on y fit les additions qu'exigeaient la grosseur des registres et la fatigue qu'ils devaient supporter. A la ficelle des nerfs on substitua une forte corde, l'endossage se fit à la colle-forte au lieu de

[1] Le registre exposé par M. Dessaigne, et fabriqué pour l'établissement typographique de M. l'abbé Migne, à Montrouge, mesurait, fermé, 1 mètre 30 centimètres, et comptait plus de 100 colonnes.

[2] Les plus anciennes notions que l'on ait du système des parties doubles se trouvent dans la *Summa de Arithmetica*, traité de mathématiques imprimé à Venise en 1494, et qui a pour auteur Luc Paccioli de Borgo San Sepolcro. On sait par Barème que Colbert avait eu le désir d'introduire cette méthode dans les finances du Royaume, et il paraît que, dès 1721, les frères Pâris en faisaient usage dans les Fermes.

colle de pâte, et le dos fut tenu plus arrondi. A la place d'une simple carte pour soutenir le dos de la couverture, on forma un *faux dos* composé de plusieurs feuilles de carte collées l'une sur l'autre et courbées sur un mandrin, pour bien embrasser la forme du dos du registre. Ce faux dos fut même fait en métal; le papetier Delaville importa, en 1807, le dos en tôle inventé en Angleterre, quelques années auparavant, par Williams, de Londres; procédé breveté de perfectionnement en 1808, au nom de MM. Cabany, cessionnaires du brevet de Delaville. Bientôt on renonça au désastreux usage de la grecque, qui, empiétant sur le fond des feuilles, serrait le dos des cahiers et en rendait l'ouverture incomplète.

Une fois entrée dans la voie du progrès, la fabrication des registres marcha toujours en s'améliorant. Le grand succès des registres Cabany excita l'émulation, et, en 1812 [1], Clément, de Paris, obtenait un brevet de dix ans pour un *procédé nouveau de registres à dos brisé.* Son invention consistait en un faux dos en carte, soutenu intérieurement par des bandes de tôle mince laminée. Ce fut lui qui introduisit la couture sur deux rubans destinés à être collés l'un dessus les cartons des plats, l'autre dessous. L'expérience ne tarda pas à constater la supériorité des rubans employés comme nerfs, et ils sont aujourd'hui d'un usage général, comme le meilleur mode de nervure pour attacher les cartons au volume.

Quatre ans après [2], un autre brevet de dix ans était accordé à M. Sastre, dit Brunet, papetier à Lyon, pour des *registres à dos flexibles.* Nous ne pouvons mieux exposer l'invention de M. Sastre qu'en transcrivant la description qu'il en donne lui-même : « Les cahiers sont « cousus sur quatre nerfs, recouverts chacun de deux

[1] 17 juillet 1812. — *Brevets*, t. IX, p. 360.
[2] 6 novembre 1816. — *Brevets*, t. XIII, p. 366.

«rubans de fil, qui sont passés dans la couverture, et «qui sont assujettis par trois ouvertures... Le faux dos «est de carton mince, dans lequel sont logés trois res-«sorts, qui se trouvent tendus quand le livre est fermé, «et qui reprennent leur position naturelle quand il est «ouvert. Ces ressorts, en prenant cette dernière posi-«tion, resserrent les deux côtés du dos, qu'ils tiennent «dans une position courbée, de manière à rendre plat «l'endroit où s'ouvre le registre.

«Le faux dos tient au registre au moyen de trois ru-«bans de fil qui passent par-dessus les ressorts et dans «leurs extrémités, percées à cet effet; ces rubans sont «assujettis à la couverture au moyen de trois trous, dans «lesquels ils entrent. Le faux dos recouvre de deux mil-«limètres de chaque côté les bords du carton de la cou-«verture; il est recouvert en entier par une bande de «parchemin collée sur le faux dos et sur les bords de «la couverture, à la largeur de deux centimètres; deux «cartons minces collés en dedans des couvertures ca-«chent tous les nerfs, et rendent l'ouvrage propre et «solide; les gardes sont collées par-dessus ces car-«tons[1]....»

L'invention de M. Sastre était réelle, c'était l'ouverture facile du registre, due à la force des ressorts revenant sur eux-mêmes. On voit aussi dans ce brevet le principe de plusieurs perfectionnements introduits depuis, principalement le faux dos avançant sur les cartons qu'il embrasse, plus la doublure en carton mince.

En 1818[2], un autre fabricant, M. Ney, de Paris, prit un brevet de cinq ans pour des *registres à dos en cuir*, couture sur rubans, et, en 1819[3], M. Astruc en reçut un pour des *registres à dos élastiques perfectionnés*. Quant à ce dernier, il est douteux que l'expérience ait

[1] *Brevets d'invention*, t. XIII, p. 366.
[2] 17 février 1818. — *Brevets*, t. X, p. 112.
[3] 26 novembre 1819. — *Brevets*, t. XI, p. 300.

réalisé les espérances de l'auteur, si son invention consistait seulement en ce qu'il annonce dans sa description, c'est-à-dire en un faux dos en carton, et des nerfs composés de chanvre simplement filé, dont les brins étaient réunis en plus ou moins grand nombre, suivant la grosseur du volume.

Déjà, en 1814, un habile ouvrier lyonnais, nommé Dareau, avait, dit-on, imaginé de remplacer par des nerfs formés de plusieurs petites ficelles juxtaposées les nerfs de grosse corde auxquels, dès 1812, Clément avait substitué les doubles rubans; et l'on croit que ce fut ce même Dareau qui, le premier, appliqua les faux dos, comme on le fait généralement aujourd'hui au moyen de deux toiles, l'une collée en dehors du faux dos, l'autre en dedans. Ce serait à lui aussi que serait due la première pensée d'éloigner davantage du faux dos les cartons de la couverture, éloignement qui, en donnant plus de largeur à la charnière, procure au registre une ouverture plus facile.

On voit que, si chaque brevet nouveau n'amenait pas toujours un perfectionnement aussi important que l'annonçaient les inventeurs, il révélait souvent des améliorations de détail qui devaient profiter plus tard à l'industrie; car, si le monopole du brevet retarde quelque temps l'emploi général d'un procédé utile, d'autre part il offre des avantages certains. En même temps qu'il dédommage l'inventeur, il excite l'émulation, et, comme sa durée est limitée, il rend dans la suite au domaine public ses perfectionnements et ses découvertes, lorsqu'ils ont reçu l'épreuve du temps et de l'expérience.

Bien que nous ne trouvions pas de brevets nouveaux depuis celui de 1819 jusqu'à 1850, ce long intervalle de temps ne laissa pas stationnaire l'industrie des registres.

Vers 1825, M. Sat, successeur de la maison Cabany, introduisit dans sa fabrication l'usage des doubles cartons. Jusqu'alors les plats des registres n'étaient formés que d'un carton simple, et si le brevet de M. Sastre, de Lyon, qui doublait les couvertures avec un carton mince collé entre le carton épais et les gardes, a pu donner à M. Sat l'idée de son double carton, la manière dont celui-ci a combiné les deux cartons le constitue véritablement inventeur de ce procédé.

M. Sat composait chacun des deux plats de ses registres de deux feuilles de carton superposées, l'une mince, c'était celle de dessous, et l'autre plus épaisse. Il tenait celle-ci moins large que la feuille mince, et comme les bords affleuraient du côté de la tranche, il en résultait du côté du dos, entre celui-ci et le carton épais, une véritable rainure.

Cette rainure permettait de donner au faux dos plus de largeur que n'en avait le vrai, les bords du faux pouvant se loger dans la rainure quand le volume était ouvert, ce qui donnait au vrai dos, ou dos des cahiers, plus de liberté pour se développer au moment de l'ouverture du registre.

La solidité gagnait aussi à cette combinaison des deux cartons. A l'exemple de Clément, M. Sat formait chaque nerf de deux rubans superposés, dont il collait l'un sur le carton mince, l'autre dessous.

C'était aussi le carton mince qui servait à fixer le faux dos, sur les deux bords duquel étaient pratiquées plusieurs fentes dirigées dans le sens de la longueur du volume, et dans ces fentes on faisait passer des rubans; les bouts de ces rubans sortaient en dedans du faux dos, et le milieu en était collé à l'extérieur de celui-ci. Ces bouts des rubans se fixaient à la colle sur le carton mince [1].

Pour achever cette reliure, il ne s'agissait plus que d'appliquer le carton épais sur le carton mince, et de recouvrir le tout d'une peau.

[1] Ces fentes rappellent celles des ressorts de Sastre.

Il est bon de remarquer aussi que cette *couvrure* se faisait en trois morceaux de peau : l'un couvrait le faux dos et les bords du carton mince de chaque côté du dos, les deux autres morceaux de peau étaient employés à couvrir les deux feuilles de carton épais, que l'on appliquait sur le carton mince en les collant bien affleurées du côté de la tranche; de ce même côté, la peau excédant le bord du carton fort se repliait et se collait sous le carton mince, ce qui assurait l'adhérence parfaite des deux feuilles l'une sur l'autre. Ajoutons qu'au moment où l'on collait la peau sur le dos extérieur et sur les bords du carton mince du côté du dos, on avait soin de replier sous les bords du faux dos un centimètre de peau, que l'on conservait libre de carton, et qui formait charnière.

L'exécution de cette reliure exigeait beaucoup de soin, mais c'était un vrai progrès, puisqu'elle donnait aux registres une très-grande solidité et une ouverture plus complète.

Plusieurs des manipulations nouvelles introduites par cette reliure sont restées dans la fabrication, et l'encartage [1] de M. Sat est encore désigné dans plusieurs ateliers sous le nom de *reliure française*.

Pendant que la France cherchait chaque jour à perfectionner la reliure des registres, l'Angleterre, de son côté, n'était pas demeurée oisive. Entrés les premiers dans la voie des améliorations par l'invention des dos métalliques de Williams, brevetée dès 1799, les Anglais ont fait moins de tentatives peut-être que les Français, si l'on s'en rapporte à la table de leurs patentes, mais les progrès n'ont pas été moins réels, et lorsqu'en 1832, un fabricant français, M. Willemsens, fit un voyage à Londres, il y trouva la reliure des registres non moins avancée que la nôtre, bien qu'un peu

[1] On entend généralement par *encartage* la manière dont les cartons sont fixés au volume et au faux dos.

différente. Les registres qu'il en rapporta et qu'il démonta ici pour en étudier la fabrication, lui fournirent un nouveau perfectionnement qu'il s'empressa d'adopter. C'est une bande de carte, large à peu près comme le tiers de la couverture, et qui se colle entre celle-ci et les gardes après avoir reçu les rubans des nerfs qui s'y fixent, comme M. Sat les fixait sur son carton mince. Est-ce le double carton du fabricant français qui a donné aux Anglais l'idée de leur encartage? Nous manquons de documents pour répondre à cette question.

Mais ce n'était pas dans cette carte elle-même que le perfectionnement consistait, c'était dans la manière de la poser, ainsi que le faux dos. Comme le carton mince de Sat, la carte anglaise dépasse du côté du dos le carton épais; mais tandis que le carton de Sat, en avançant sous le faux dos, ne dépassait pas les bords du vrai dos, et ne faisait, en réalité, que comprimer le registre auprès du dos en exigeant ainsi plus d'effort pour ouvrir le volume, la carte anglaise, au contraire, entre dans le faux dos un peu au delà de l'arête du vrai dos, et forme une espèce de levier qui, soulevant les cahiers au moment de l'ouverture, aide le vrai dos à passer de la forme convexe à la forme concave, et devient ainsi le principe d'une ouverture plus facile.

C'est cette manière de fixer la carte et le faux dos que, par reconnaissance pour son origine, on nomme, en France, l'*encartage anglais*.

La méthode anglaise offre encore un autre avantage, c'est la facilité de couvrir le volume d'un seul morceau de peau, ce qui épargne une partie des manipulations minutieuses et difficiles de la méthode à double carton.

Aujourd'hui une grande partie des fabricants a su combiner heureusement les procédés anglais avec les perfectionnements français, et le double carton français se marie parfaitement avec la carte anglaise.

N'oublions pas qu'une des conditions qui facilitent

l'emploi de cette carte, c'est qu'elle soit divisée en trois morceaux, celui du milieu ou le plus long se collant sur le carton, et les deux autres dans l'intérieur de la garde.

C'est de l'introduction de l'encartage anglais que date la supériorité de nos registres. Disons pourtant que cet encartage a un défaut : les bandes de toile que les Anglais placent à cheval sur l'intérieur des plats et sur la première feuille opèrent sur celle-ci, quand on ouvre le registre, une traction qui la fait lever ainsi que les feuillets suivants. On verra plus loin comment M. Devillers a corrigé ce défaut.

Depuis M. Willemsens, les fabricants français ont cherché constamment à améliorer leur travail. La couture et l'endossure ont été rendues plus solides; mais le perfectionnement le plus utile, et que nos voisins ne nous paraissent pas avoir encore adopté, est certainement la méthode, aujourd'hui générale parmi nous, de doubler le pli de chaque cahier, tant à l'intérieur qu'à l'extérieur, par une bande de percaline très-fine qui soutient le fil de la couture et l'empêche d'élargir le trou de l'aiguille et de déchirer le papier.

La rigidité des dos a paru aussi à quelques fabricants un obstacle à une ouverture facile; et, vers 1852, M. Sy a pris un brevet pour des dos flexibles. Dans son système, le faux dos est formé de deux feuilles de bois, dit de boissellerie, courbées au mandrin comme les dos de carton, la feuille de dedans est fendue dans toute sa longueur et de toute son épaisseur, mais, comme cette solution de continuité, en donnant plus de flexibilité au dos, lui donne aussi plus de fragilité, l'inventeur consolide son faux dos en le garnissant à l'intérieur de plusieurs bandes d'acier placées transversalement comme les ressorts de Sastre, et dont l'élasticité se prête à la flexibilité qu'il veut obtenir.

Les registres construits dans le système de M. Sy présentent, en effet, une ouverture très-facile.

A ne considérer que les soins apportés partout maintenant, dans les bons ateliers, à la couture, à l'endossage et à tous les détails de la confection des registres, on pourrait regarder cette fabrication comme arrivée à sa perfection. Il reste encore pourtant un problème à résoudre, celui que l'on cherche depuis plus de trente ans et qui, peut-être, est insoluble avec la méthode des dos rigides, quelque flexibles qu'on puisse les faire : c'est l'ouverture plane sur toutes les parties du volume. Sans doute aujourd'hui on semble l'avoir obtenue, mais ce n'est, en réalité, qu'à une seule place, le milieu juste du registre. Lorsque les feuilles ouvertes se trouvent en nombre égal de chaque côté de l'ouverture, le plan des deux folios du milieu qui se regardent est parfaitement horizontal, et on peut y tracer une ligne à la règle sans y rencontrer de dépression ni de soubresaut; mais tournez vingt feuillets de plus, et l'un des deux côtés bombera vers le fond des cahiers, la règle alors ne touchera plus. On peut, il est vrai, écrire dans le fond, mais alors il faut que la main change la direction de la plume et fasse un effort pour que l'écriture conserve la même pente et la même fermeté que sur la partie plane de la feuille.

Un autre problème reste également à résoudre, bien qu'on soit déjà parvenu, il faut le reconnaître, bien près de la solution : c'est l'union de la solidité avec la facilité d'ouverture et de fermeture. Quelque bien cousu, quelque bien endossé que soit un registre, lorsqu'il est d'une certaine épaisseur, il finit toujours par se déformer par l'usage, non qu'il se brise tout à fait, mais le dos se déjette, la tranche devient irrégulière, et il perd, par cela même, une partie de sa solidité.

C'est vers ce point difficile dont l'importance n'a

pas échappé aux bons ouvriers, que se sont dirigés les efforts de plusieurs des exposants. Bien que le Jury ne regarde pas le problème comme résolu, il a cru devoir encourager les recherches ultérieures, en récompensant les divers essais qu'il a distingués.

Le Jury n'a pu faire entrer dans ses appréciations la comparaison des prix des registres présentés tant par la France que par les exposants étrangers, les conditions étant trop diverses; il a dû s'attacher avant tout aux procédés de fabrication et aux améliorations que les produits exposés ont signalées à son observation.

RÉCOMPENSES.

Médailles de 1re classe.

M. Bellangé (n° 9311), à Paris (France). — Instruit par expérience de l'insuffisance de l'endossure et de la couture, même les plus parfaites, pour empêcher la déformation des gros registres, M. Bellangé a cherché les causes de cette déformation. Il a reconnu qu'elle provenait principalement du tirage exercé sur le fond des cahiers et sur la couture par le propre poids du papier quand le registre est debout dans le casier, les châsses seules portant sur le sol, et les feuilles étant par conséquent sans point d'appui inférieur et sollicitées à descendre, en raison de leur masse et de leur pesanteur. Le frottement continu du bras et de la main du teneur de livres, ainsi que le poids de celui-ci lorsqu'il est forcé de s'appuyer sur le papier pour écrire dans la partie supérieure des pages, sont une autre force qui s'ajoute à la précédente. M. Bellangé a donc cherché dans un appareil extérieur un appui capable de soutenir les cahiers contre cette traction, d'autant plus puissante, qu'elle s'exerce sans interruption.

Cet appareil, construit en cuivre, consiste en trois

pièces principales ; deux règles fixées par des vis au bas et à l'intérieur des deux cartons, et s'appliquant par leur plat contre la tranche inférieure du volume pour en soutenir les cahiers, plus une plaque ovale fixée dans le même but au bas du faux dos.

La plaque et les deux règles sont creuses. Celles-ci contiennent deux lames de métal, dont chacune est attachée par un pivot à la plaque ovale.

Quand le registre est fermé, les deux règles se touchent par leur bord intérieur du côté de la plaque à pivots ; quand il s'ouvre, elles suivent les plats du volume aux châsses desquels elles sont attachées et elles entraînent dans leur mouvement les deux lames sur lesquelles elles glissent et qui jouent sur leur pivot.

Par ce mécanisme, les cahiers, quels que soient le poids du volume et la force extérieure qui les sollicite à descendre, sont soutenus comme par les côtés d'une boîte, et le registre lui-même acquiert une telle solidité, que l'exposant a ouvert le sien par le milieu et est monté debout sur le papier sans que le poids de son corps l'ait en rien fait fléchir.

L'appareil de M. Bellangé témoigne de l'esprit inventif de cet habile exposant et de la connaissance profonde qu'il a de son art ; toutefois, quelle que puisse être l'excellence de son moyen, il est à craindre qu'il ne trouve dans la routine des teneurs de livres un grand obstacle à le faire adopter, bien que ce mécanisme n'augmente le prix des registres que de 7 à 9 francs, suivant leur grosseur.

Quant aux diverses parties de la confection des registres de M. Bellangé, elles sont traitées avec autant de soin que d'intelligence ; la couture est faite sur tirant de bottes, doublé de ce cuir de vache, blanc, très-souple, dont se servent les bourreliers ; ses cahiers sont assemblés à la colle de caoutchouc et doublés à l'intérieur et à l'extérieur par une bande étroite de toile qui soutient la couture; ils sont ensuite satinés à la presse pour diminuer l'épaisseur du dos, et, au moyen de l'encartage à l'anglaise, et du jeu que M. Bellangé laisse au dos des cahiers, en tenant la courbe de son faux dos moins étranglée qu'on ne le fait ordinairement, il obtient une ouverture facile et complète.

M. Dessaigne (n° 2870), à Paris (France). — Le prodige de l'exposition de la papeterie était sans nul doute le registre fabriqué par M. Dessaigne, pour la vaste exploitation typographique de M. l'abbé Migne, à Montrouge. Colossal comme l'établissement auquel il était destiné, ce volume, relié à l'italienne, ne contenait pas moins de 1,024 feuilles in-plano (2 rames 1 main) de papier grand aigle.

1^m,30 de largeur, 0^m,78 de hauteur, 0^m,40 d'épaisseur, le livre fermé, près de 2^m,80, étant ouvert, voilà des dimensions qui auraient intimidé un fabricant moins sûr de ses ressources que M. Dessaigne; et si la vue seule de ce volume géant donne une idée des difficultés qu'il a fallu vaincre pour l'établir, cette idée, tout effrayante qu'elle soit, est encore bien loin de la réalité.

Lorsqu'on songe que chaque feuillet est une feuille entière d'un immense format; que les feuilles ne sont pas réunies au moyen d'un surjet, mais qu'il a fallu les coller deux à deux par une de leurs extrémités pour obtenir un pli capable de supporter la couture; que ce pli a dû être, à l'intérieur comme à l'extérieur, soutenu par un ruban, que la réunion de ces 1,024 feuillets, assemblés par cahiers de 6, a été cousue sur 8 nerfs de 0^m,05 de largeur; que cet amas de fils, de rubans, de plis, de colle, avait triplé l'épaisseur du dos comparativement au côté de la tranche, on peut comprendre ce qu'il a fallu de soins et de patience pour réussir dans ce travail, en dehors de toutes les habitudes.

Mais ce n'était là encore qu'un premier pas. Il fallait endosser, il fallait rogner : rogner avec gouttière un volume du poids de 300 kilogrammes, et que sa forme oblongue rendait encore plus difficile à manœuvrer! C'était à déclarer le succès impossible, si le mot impossible n'était rayé depuis longtemps déjà du vocabulaire de l'industrie.

M. Dessaigne a réussi; lui seul, il est vrai, peut savoir ce qu'il lui en a coûté. Bornons-nous à constater son succès, et à mentionner qu'il l'a dû en partie à une presse monstre construite exprès, sur ses propres dessins.

Peut-être ce labeur herculéen, s'il n'eût été qu'un tour de force stérile pour un objet de pure parade, aurait-il peu touché le Jury; mais c'était l'exécution d'une commande, et, quelque excentrique que le volume puisse paraître, dès qu'il répondait à un besoin, il devenait un objet de consommation, et, à ce titre, il avait droit à toute l'attention du Jury. Aussi a-t-on dû tenir compte à M. Dessaigne du triomphe remporté par son habileté et sa persévérance sur les difficultés sans nombre accumulées dans ce travail sans précédents et, vraisemblablement, sans imitateurs.

Ajoutons que M. Dessaigne se présentait aussi avec d'autres mérites. Il est éditeur de dessins de fabrique et de papiers de mise en carte, et les dessinateurs, ainsi que les fabricants, doivent au goût avec lequel il a formé sa riche collection de dessins, des modèles excellents et d'heureuses inspirations.

M. Devillers (n° 9319), à Mulhouse (France). — Après avoir essayé des divers systèmes de reliure qu'il a trouvés en usage au moment où il s'est établi, et de ceux qui se sont produits depuis, sans en excepter celui de M. Sy, M. Devillers s'est formé un mode de fabrication dont les procédés, partie empruntés, partie créés par lui, constituent dans leur ensemble, si ce n'est une invention, au moins de véritables et importants perfectionnements.

Sachant que la carte employée seule tend à s'amollir par l'usage, que la chaleur fait fendre le bois, que l'humidité le fait gondoler, qu'en raison de la rigidité du fer on est forcé de donner aux faux dos formés de ce métal une largeur exagérée, sous peine de n'obtenir qu'une ouverture difficile, M. Devillers, sans renoncer aux avantages réels qu'offrent ces matériaux, a cherché à éviter leurs inconvénients; à cet effet, il forme ses faux dos au moyen de feuilles de bois et de cartes alternativement superposées. Au milieu de cet assemblage, il place trois ressorts qui tendent constamment à ramener le faux dos à la forme concave, et qui, cependant, par leur flexibilité, se prêtent à l'écartement nécessaire pour laisser passer le dos des cahiers dans le mouvement de l'ouverture ou de la fermeture.

Les bandes de bois qui composent le faux dos ne sont pas tenues d'une largeur égale. La bande extérieure fait une légère saillie sur la bande intérieure, pour former ainsi une espèce de feuillure dont on va voir le but.

D'un autre côté, les plats sont formés, comme dans la reliure de Sat, de deux cartons superposés, qui forment également une rainure le long du dos. Le bord du plus large de ces deux cartons ou carton intérieur s'applique dans la feuillure formée au bord du faux dos, où il s'enfonce un peu plus avant que le dos des cahiers; de sorte qu'au moment de l'ouverture du registre, ce point du carton est un levier qui, en basculant, repousse le dos des cahiers avec d'autant plus de force qu'il prend son point d'appui sur le bord extérieur du faux dos : c'est le même effet que l'encartage anglais.

Il résulte de ces diverses dispositions une grande solidité dans le faux dos et une élasticité notable dans les mouvements d'ouverture et de fermeture, mouvements qu'on peut exécuter d'un seul coup, à toute place, sans craindre la rupture de l'endossage, même en tenant ensemble les cartons et les feuilles.

Les fabricants soigneux collent un ruban sur le dos de chaque cahier; M. Devillers a la même précaution, seulement il gagne un ruban sur deux, le même ruban étant collé d'un côté sur le recto du premier cahier, et de l'autre sur celui du cahier suivant; par ce moyen, il évite, sans doute, la moitié de l'épaisseur qu'ajoute à l'endossure l'addition de ces rubans; mais atteint-il le but proposé? Nous ne le croyons pas. Que veut-on par l'application de ces rubans? Fortifier les cahiers et empêcher les trous d'aiguille de s'élargir et le fil de couper le papier. Or, le cahier, qui ne reçoit que la deuxième face du ruban, manque de ce soutien, puisque celui-ci ne s'y attache que de côté, sans embrasser le dos, comme au cahier précédent.

M. Dévillers est plus heureux dans l'application du ruban intérieur des charnières. Sa méthode est la meilleure que nous ayons rencontrée. Habituellement, ce ruban est collé moitié sur la garde et moitié sur la première feuille du cahier voisin, d'où il suit que, lorsque le volume s'ouvre, il s'opère sur cette feuille un tirage qui la soulève. Ce défaut est surtout frappant dans l'encartage anglais. Le fabricant de Mulhouse a parfaitement corrigé ce défaut. Son ruban, collé d'un côté sur la garde, passe par-dessous le premier cahier pour aller s'appliquer sur le recto du cahier suivant; il est tenu un peu moins serré et le tirage n'a plus lieu.

La réglure, partie si importante des registres, est irréprochable dans les livres de M. Devillers.

M. Devillers est d'autant plus digne d'encouragement que ce fabricant, éloigné de la capitale et privé des secours que présentent les ateliers spéciaux de réglure, de couture, de marbrure, de dorure, etc., a dû trouver toutes ses ressources en lui-même, former ses ouvriers, créer son outillage et se munir d'approvisionnements coûteux.

N'oublions pas de mentionner la bonne confection de ses autres articles de papeterie, et de citer un portefeuille échéancier, dont les séparations mobiles glissent sur quatre ganses de caoutchouc, passées dans des œillets; ce qui permet de doubler le contenu d'une case sans déformation du soufflet.

M. Gasté (n° 9385), à Paris (France), a exposé des registres à dos métallique apparent, dont le bon usage est attesté par les certificats les plus honorables.

Si le dos métallique est une des inventions les plus anciennes aujourd'hui de la reliure des registres, la manière dont M. Gasté en combine l'emploi avec des garnitures saillantes et un encartage de métal, en est une application nouvelle très-heureuse.

Ce faux dos est composé de deux lames de métal courbées en portion de cercle : l'une, plus large, a ses rebords repliés en dedans et formant une coulisse dans laquelle la lame plus étroite vient se glisser, et toutes deux sont maintenues dans cette position par une garniture qui entre à chaque bout à frottement et s'y fixe par le moyen de plusieurs rivures à têtes de vis; entre ces deux plaques est prise une double toile de fil dont les bords dépassent de plusieurs centimètres. De chaque côté de la plaque métallique intérieure sont pratiquées, dans le sens de la longueur du dos, trois fentes d'où sortent les bouts de trois rubans doubles pris comme les toiles entre les deux plaques, à peu près comme dans la reliure de Sat.

Ces toiles et ces rubans servent à fixer le faux dos au volume et aux plats de la couverture. Ceux-ci sont composés de deux cartons dont la feuille mince reçoit dessus et dessous les rubans des nerfs, tandis que les toiles du dos sont collées entre les deux cartons. Mais, au lieu d'arriver, comme dans la méthode de M. Sat, jusqu'au bord du faux dos, ce carton mince en est tenu éloigné d'environ 2 centimètres par l'application d'un encartage anglais, où la carte est remplacée par une mince tôle d'acier, divisée en plusieurs morceaux. Plusieurs clous à grosse tête de cuivre, traversant du dehors au dedans le bord des plats du côté du dos, sont rivés sur la bande de tôle et retiennent ainsi fortement serrés l'un sur l'autre les deux cartons, les toiles du faux dos et la plaque d'encartage.

L'intérieur du faux dos est plus large que le dos du volume, et celui-ci est endossé assez libre, disposition qui permet au livre de s'ouvrir et de se fermer facilement à quelque place que ce soit.

Par ces combinaisons, M. Gasté réunit dans sa reliure les avantages du double carton et ceux de l'encartage anglais. Toutes les autres parties de son travail sont exécutées avec la même habileté, et justifient les éloges que font de ses registres les compagnies qui en font usage.

M. Marie (n° 9332), à Rouen (France), expose des registres, des carnets et des reliures mobiles qui se recommandent par d'ingénieuses combinaisons :

1° Un registre à dos en métal recouvert à l'extérieur d'un fort cuir poli fixé au métal par des rivures en cuivre. Les plats de ce volume sont en bois fort et parfaitement uni, les angles arrondis.

Pour ce registre, l'exposant a profité de tous les perfectionnements introduits jusqu'ici par les plus habiles ouvriers. La flexibilité de la plaque métallique, que ne contrarie pas le cuir, flexible lui-même, donne au registre toute l'élasticité nécessaire pour une ouverture facile et complète. Quant aux plats en bois, usités autrefois dans la reliure des livres et abandonnés depuis longtemps à cause de leur poids et en raison du danger des vers, leur poids est ici un avantage, et les vers sont peu à craindre pour des registres remués tous les jours et dont l'existence ne doit pas traverser les siècles, comme les livres. Il y a d'ailleurs aujourd'hui des préparations qui peuvent les défendre contre cette cause de destruction.

2° Un registre semblable, mais à reliure mobile.

L'application du bois à la reliure des registres a permis à M. Marie de transformer en une reliure mobile la reliure précédente. A cet effet, il pratique dans le bois, sur la face interne des plats, une rainure ou mortaise formée de deux bandes minces de fer, dont l'une est pliée en équerre dans sa largeur; au vrai dos de son livre est fixée, de chaque côté, une autre bande de fer également pliée en équerre et qui entre à coulisse dans la rainure des plats. De cette façon, un registre étant rempli peut se retirer de sa couverture pour faire place à un autre qui lui sera substitué.

Cette reliure mobile est surtout destinée aux livres auxiliaires qui, dans les grandes maisons de commerce, se renouvellent plusieurs fois dans l'année.

M. Marie a présenté aussi deux portefeuilles garde-notes, à système mobile. Le premier consiste dans un dos de livre composé de plusieurs tubes de cuivre juxtaposés et fendus dans toute leur longueur. Dans chacune de ces fentes on introduit, par le dos, un cahier de papier, et, quand ce cahier est rempli, on peut le retirer pour le remplacer par un nouveau.

Le deuxième, beaucoup plus simple et meilleur marché, n'est qu'une bande de bois un peu épaisse, fendue longitudinalement aussi par plusieurs traits de scie assez profonds. Dans ces rainures sont collés plusieurs onglets de papier gommé destinés à recevoir les lettres, notes ou autres pièces qu'on désire conserver. Les onglets se remplacent comme au premier portefeuille.

Vient ensuite un carnet à l'italienne dont la mobilité est due à un autre moyen. La couverture ne diffère pas de celle des autres carnets; mais, à l'extrémité supérieure du dos, et à l'intérieur, est fixée, à charnière, une lamelle d'acier, dont un bouton de métal arrête le jeu à l'autre extrémité. D'un autre côté, le dos du cahier est garni d'une toile ouverte aux deux bouts et formant une espèce de poche dans laquelle entre la lamelle d'acier, qui, refermée par le bouton, fixe le carnet dans sa couverture et permet le changement du cahier quand il devient nécessaire.

Le mérite de ces inventions est d'apporter au consommateur une économie notable, les couvertures des registres et des carnets pouvant servir pour un grand nombre d'intérieurs.

M. Rollinger (n° 1221), à Vienne (Autriche). — Les registres de M. Rollinger présentent toutes les conditions de solidité désirables. Le bon marché en est remarquable, et l'importance des ateliers de ce fabricant fait de sa maison un des premiers établissements de l'Allemagne.

En Autriche, pour empêcher les falsifications de comptabilité, les juges de commerce ne parafent pas les feuillets des registres comme en France. Un trou est pratiqué à l'emporte-pièce dans le fond du volume et dans toute son épaisseur, et un lacet, qui traverse ce trou, et, par conséquent, toutes les feuilles, est scellé aux deux bouts du sceau de l'autorité compétente, méthode plus expéditive que celle du parafe.

Les registres de M. Rollinger présentaient cette disposition.

M. Smith (n° 1976), à Londres (Royaume-Uni), a présenté des registres de diverses dimensions, où sont réunies toutes les conditions d'une fabrication supérieure.

MM. Waterloo et fils (n° 302), à Londres (Royaume-Uni). — Les vitrines de ces fabricants offraient des registres à charnières métalliques intérieures, remplaçant les attaches en tissus ou en peaux qui se fixent habituellement au volume par le moyen de la colle.

Le principal avantage de cette méthode est de pouvoir, en retirant la longue goupille qui sert de pivot à la charnière, enlever le volume de sa couverture, et en substituer un nouveau quand le premier est rempli. C'est le même but que s'est proposé, en France, M. Marie, par les reliures mobiles avec plats de bois à coulisses.

Médailles de 2ᵉ classe.

M. Acker (n° 7347), à Paris (France), pour ses registres système Sy modifié par l'exposant. Le dos en est flexible; il se compose de deux feuilles de bois collées l'une sur l'autre, la feuille intérieure fendue dans toute sa longueur. Les bandes d'acier que M. Sy plaçait dans l'intérieur du faux dos sont extérieures dans la modification de M. Acker.

Son principal registre de l'Exposition se composait de 9 mains de grand aigle et mesurait 0ᵐ,73 de haut sur 0ᵐ,55 de large et 0ᵐ,20 d'épaisseur. Malgré cette dimension considérable, il s'ouvrait et se fermait d'un seul coup sans exiger d'effort et sans recevoir de dommage.

La bonne confection des registres de M. Acker est suffisamment constatée par la clientèle de la banque de France, dont il est en possession depuis plusieurs années.

M. Napoléon Alexandre (n° 9308), à Paris (France), expose un registre d'une rame, de grand monde, à dos métallique, système ordinaire.

Ce registre offrait la solidité et toutes les autres conditions d'une bonne fabrication; l'endossage en est fait à la colle de caoutchouc.

M. Napoléon Alexandre occupe 17 ouvriers.

M. Appel, imprimeur-lithographe à Paris (France),

a exposé un registre dont la bonne confection ne le cède pas à celle des autres fabricants.

M. Bruyer (n° 9316), à Paris (France), a conservé dans sa pratique la reliure française des registres et la reliure anglaise. Les plus grands soins se font remarquer dans toutes les parties de sa fabrication.

M. Bruyer a fait aussi, pour la reliure des livres, d'heureux essais de couture de son invention; au lieu de nerfs, soit en ficelle, soit en ruban, sur lesquels les relieurs cousent leurs cahiers, il coud les siens sur une toile de toute la longueur du dos et parfaitement tendue au moyen d'un métier vertical dont il est également l'inventeur. Lorsque la couture est terminée, il fend la toile en largeur entre chaque couture et, quand il a endossé, il rabat et colle la toile sur le dos.

Cette méthode donne de très-bons résultats; il serait à désirer qu'elle fût mise à l'essai par les bons relieurs pour les dictionnaires et les autres ouvrages qui ont besoin d'être mis à dos brisé.

M. Dorville, à Paris (France), a fait usage du caoutchouc durci à l'un de ses registres; les plats au lieu d'être en carton sont formés de cette matière nouvelle; à un autre toute la reliure, dos et plats, en est composée.

La confection intérieure des registres n'est pas inférieure à celle de ses confrères. Il expose aussi un *classeur*, dont l'avantage est l'échelonnement des papiers.

M. Ducroquet (n° 9320), à Paris (France). — Gendre et successeur de M. Robert, M. Ducroquet a continué les traditions honorables de la maison de son beau-père et les registres qu'il expose présentent toutes les conditions de bonne fabrication aujourd'hui générales. Sa maison est une des plus importantes.

MM. Gaymard et Géraud (n° 9322), à Paris (France). — En succédant à M. Roumestant,

MM. Gaymard et Géraud se sont fait un devoir de soutenir avec honneur la réputation justement méritée cette maison honorable. Sans chercher les innovations, ces fabricants ne négligent pas les perfectionnements dont l'expérience sanctionne le mérite; et leurs registres, dos métallique ou dos en carte, réunissent toutes les qualités d'une bonne fabrication. On remarquait dans leur vitrine un gros registre couvert en peau de truie, à doubles nerfs, qui rappelait la facture des anciens livres de lutrin de la bonne époque.

M. Gontier-Dreyfus (n° 9323), à Paris (France). — Cette maison travaille surtout pour l'exportation. Elle a une succursale à Francfort; ses ateliers comptent 40 ouvriers et 12 contre-maîtres.

Les registres y sont généralement montés avec dos en fer. L'endossure est sur nerfs de tirants, les cahiers sont cousus avec rubans à l'intérieur.

Le registre d'exposition de M. Gontier-Dreyfus était d'une rame de grand aigle.

M. Nachman (n° 9333), à Paris (France). — Sa fabrication ne le cède en rien à celle de ses confrères. Bonne couture; endossure solide et souple, ouverture facile et aussi complète que ce que l'on peut obtenir avec les procédés aujourd'hui dans le domaine public.

M. Néraudeau (n° 9334), à Paris (France). — Le bon travail de sa fabrication justifie le chiffre de ses affaires, dans lequel l'exportation seule entre pour 120 à 125,000 francs. Ses registres sont à dos en carton; l'endossage en est fait au moyen de la colle forte, rendue plus souple par une addition de mélasse. M. Néraudeau est l'élève et le successeur de M. Willemsens, à qui l'industrie des registres a de réelles obligations, et il marche dignement sur les traces de son prédécesseur.

MM. Sanson et Commecy (n° 10458), à Paris (France). — Cette maison présente des registres à coins ferrés intérieurement par le moyen d'une tôle introduite aux angles des plats entre les deux cartons dont ils sont formés. L'endossure de leurs registres se fait au collodion mêlé de glu épurée d'après le procédé breveté de M. Lemoine.

M. Tripier Bradel (n° 9343), à Paris (France). — Bonne confection du corps du registre; endossage, couture, encartage par les meilleurs procédés reçus.

Mentions honorables.

M. Bruneteau (n° 9315), à la Rochelle (France). — Un registre d'une bonne fabrication, dos élastique, système Sy.

M. Deschamps (n° 9374), à Paris (France), pour sa reliure mobile, dite *livre-relieur*.

M. Gutierrez (n° 7), au Mexique. — Fabrication remarquable pour une contrée où les ressources de l'Europe manquent, ainsi que les bons modèles.

M. Hubert (n° 9326), à Paris (France). — Fabrication étendue de carnets et petits registres à bon marché.

M. Lambert, à Gladbach. — Confection soignée et solide.

M. Lurtz, à Bamberg. — Solidité et bonne ouverture.

MM. Met et Meylinck (n° 253), à Harlem (Pays-Bas). — Bonne fabrication.

Mme veuve Pottin et fils (n° 9338), à Nantes (France). — Très-bonnes conditions de fabrication.

MM. Snelgrave et Thompson, à Sidney (Colonies anglaises). — Bonne confection, solidité remarquable.

M. Viannay (n° 9344), au Havre (France). — Fabrication non moins satisfaisante, système Sy.

COOPÉRATEUR.

Médaille de 2e classe.

M. Rollinger, à Vienne (Autriche), chef des ateliers de M. Rollinger, récompensé ci-dessus. — Recommandé par M. Rollinger pour son intelligence, son activité et la bonne direction qu'il imprime à ses ateliers.

III. INDUSTRIES AUXILIAIRES DE LA RELIURE.

Comme toutes les industries, la reliure a besoin du secours d'autres arts, dont les procédés lui sont étrangers. La menuiserie et la serrurerie lui fournissent ses presses et ses outils, la gravure ses alphabets, ses plaques et ses fers à dorer; elle reçoit du peaussier ses maroquins, ses veaux, ses basanes, et, depuis les goûts nouveaux du public, il lui faut, pour le bon marché, des toiles imitant les diverses peaux, comme ses ouvrages de luxe ne peuvent plus se passer du bijoutier, souvent même du sculpteur.

C'est de quelques-uns de ces différents arts, dans leurs rapports avec la reliure, qu'il nous reste à nous occuper.

I. — TISSUS UNIS OU ORNÉS.

Médailles de 2e classe.

MM. Cronier père et fils (n° 2957), à Rouen (France). — Jusques dans ces derniers temps, la France était restée tributaire de l'Angleterre pour ses tissus gaufrés destinés à la reliure. Aujourd'hui, l'industrie française est affranchie de cette dépendance; une fabrique de Rouen, celle de MM. Cronier père et fils, a entrepris cette spécialité depuis moins de deux ans, et le succès a si bien couronné les efforts de ces manufacturiers, que déjà leurs tissus sont adoptés en France par nos meilleurs relieurs, concurremment avec les toiles anglaises.

Au lieu des tissus imparfaits, produits des premières tentatives françaises, et qui, secs, cassants, grossièrement enduits à la main de couches d'empois coloré, déteignaient au travail et ne pouvaient soutenir l'action de la lumière, MM. Cronier ont exposé des toiles d'un tissu fabriqué exprès, teint et gaufré par les meilleurs procédés. En même temps que le public y admire l'apparence et le grain des plus belles peaux chagrinées, le relieur y trouve toutes les conditions qu'il recherche; à la fois souples et solides, élastiques et imperméables, ces tissus conservent parfaitement l'estampage et prennent facilement la dorure sans glairage. Autre avantage d'une sérieuse importance pour l'industrie : malgré leur supériorité, ils se livrent au commerce au prix de 45 à 95 centimes le mètre, tandis que les premières toiles de ce genre, fabriquées en France, coûtaient 1 fr. 50 à 1 fr. 60 centimes.

MM. Cronier ont rendu, par cette fabrication nouvelle, un véritable service à l'industrie française.

M. Wilson (n° 1659), à Londres (Royaume-Uni).— Une semblable récompense est accordée à M. Wilson, qui a exposé également des toiles de coton gaufrées dont la souplesse, l'imperméabilité et les autres qualités soutiennent la réputation que l'Angleterre s'est acquise dans cette fabrication, dont l'invention appartient à ce pays.

Mentions honorables.

M. Poussin (n° 10333), imprimeur-lithographe, à Paris (France). — M. Poussin est parvenu à étirer la gutta-percha à l'épaisseur d'une feuille de papier. Il en forme aussi un enduit liquide avec lequel il prépare des tissus qu'il livre au commerce tout estampés et imprimés en or et en couleur, à des prix modérés.

Les toiles qu'il prépare au moyen de la gutta-percha se prêtent bien à l'estampage, ainsi qu'à l'impression lithographique en or et en couleur. L'esprit de recherche et de persévérance, dont M. Poussin a fait preuve, permet d'espérer qu'il parviendra facilement à donner à ses tissus l'imperméabilité et la souplesse qui se remarquent dans les feuilles de gutta-percha étirée.

Imprimeur-lithographe, à Paris (France), comme M. Poussin, M. Omer Henry a exposé comme lui des couvertures de livres en papier et en tissus vernis imitant la basane. Ses couvertures, dont les tissus proviennent de la manufacture de MM. Cronier, de Rouen, et de la fabrique de Montmartre, sont données au commerce à des prix dont la modicité ne s'explique que par un grand débit et par l'amélioration des procédés. Les formats in-12 sur papier, imprimés par la chromo-lithographie et estampés, se livrent à 6 francs le cent; les toiles-basanes, dorées et estampées, sont vendues à 8 centimes le format in-32, et progressivement jusqu'à 40 centimes pour les in-12. M. Omer Henry présente aussi un très-riche assortiment d'ornements, coins et bordures en papier porcelaine avec reliefs or et couleur, pour le cartonnage des confiseurs, pour les étiquettes, etc.

II. — GRAVURE.

Les fers dont se servent les relieurs sont gravés en relief, soit sur les dessins du graveur lui-même, soit sur des modèles qui lui sont fournis. Les plaques pour l'estampage doré ou sans or sont dues également au burin, et quand le dessin n'appartient pas au relieur, elles sont multipliées par le fondeur et retouchées ensuite au burin.

Médailles de 2e classe.

M. Haarhaus (n° 9325), à Paris (France). — M. Haarhaus a exposé des plaques et des fers de bon goût et d'une exécution très-soignée; il avait aussi dans sa vitrine des cuirs estampés et découpés destinés à être appliqués comme ornements sur les albums, les coffrets et les divers objets de cartonnage.

M. Tambon (n° 4667), à Paris (France). — Les fers et les plaques présentés par M. Tambon rivalisent, pour le dessin et la gravure, avec ceux de M. Haarhaus.

Mention honorable.

M. Schubert (n° 1259), à Berlin (Prusse). — M. Schubert a également envoyé des spécimens de plaques pour le cartonnage et pour la reliure; le dessin, moins pur que celui des artistes précédents, offre toutefois des qualités que nous nous plaisons à constater.

III. — GARNITURES MÉTALLIQUES.

Les ornements étrangers à l'art du relieur, que la mode aujourd'hui aime à voir appliqués sur les livres et plus particulièrement sur les livres d'office, sont principalement des bordures, des milieux, des fermoirs, fabriqués soit en métaux précieux, soit en acier, soit en cuivre doré.

Médailles de 2e classe.

Trois exposants se sont fait remarquer du Jury pour cette bijouterie toute parisienne :

M. Lalande, pour le bon goût et le fini de ses ornements destinés aux reliures de luxe.

M. Blanvillain aîné, pour ses fermoirs à pivot, et ses garnitures qu'il nomme *bibliozones* et qu'il fabrique, même pour les garnitures d'acier, sans aucune soudure, en les découpant dans une plaque de métal dont les bords sont rabattus suivant la destination de la garniture.

Non moins ingénieux et non moins actif, M. Poullain a su donner à ses produits un très-grand débit, en joignant au mérite d'une bonne exécution l'avantage d'un extrême bon marché. Ainsi, un fermoir qui se vendait 3 fr. 50 cent. il y a dix ans, coûte chez lui, au commissionnaire, 30 centimes, bien doré; un entourage filet jonc doré, avec titre, chapiteaux et dos, est descendu de 8 francs à 80 centimes : réduction de prix à laquelle est parvenu ce fabricant au moyen de procédés nouveaux et économiques dont il fait usage et dont il est en partie l'inventeur.

La médaille de 2e classe est décernée

A M. Lalande, à Paris (France),

A M. Blanvillain aîné (n° 9312), à Paris (France).

A M. M.-J. Poullain (n° 9339), à Paris (France).

IV. — SCULPTURE SUR IVOIRE.

Si la garniture métallique est devenue aujourd'hui, grâce à la fabrication en grand, un luxe à bon marché, il est une autre sorte d'ornement qui, par sa nature, ne peut descendre dans les régions inférieures de la décoration des livres, c'est la sculpture sur ivoire. La vitrine de M. Lefort jeune (n° 8768), à Paris (France), a offert plusieurs jolies couvertures de livres finement sculptées, et un beau missel in-folio de 40 centimètres de haut sur 25 de large, dont les panneaux, sculptés avec talent, tenaient au dos, également en ivoire, par une charnière taillée dans l'ivoire même, et dont la précision des axes n'était pas la moindre difficulté vaincue dans ce travail remarquable.

Un artiste bavarois, M. Knopf, avait aussi consacré son talent à la sculpture d'ornements délicats en ivoire, qui décoraient une boîte-reliure exposée par M. Escherich.

M. Lefort jeune a obtenu la médaille de 2e classe, et M. Knopf (n° 146), de Munich (Bavière), la mention honorable.

V. — RESTAURATION DES ESTAMPES ET DES LIVRES.

Les estampes n'entrent pas toujours dans les cabinets des amateurs, ni les livres dans les mains des relieurs, dans un état parfait de pureté. Le temps en a souvent jauni le papier, la négligence ou quelques accidents leur ont causé des taches plus ou moins disgracieuses, qui leur ôtent une partie de leur valeur. Ce sont de vraies maladies pour lesquelles on est heureux de trouver des médecins joignant à la connaissance des agents chimiques une inaltérable patience. Il s'en est présenté un à l'exposition. M. Goût, de Montpellier (Hérault), a trouvé des procédés qui rendent au papier sa blancheur primitive sans en altérer la substance.

Mention honorable.

Le Jury, voulant encourager une industrie qui préserve de la destruction des objets d'art et des livres précieux, décerne à M. Goût une mention honorable.

VI. — MACHINES.

La reliure est peut-être un des arts manuels où l'intervention utile de la mécanique est le plus contestable. Presque toutes les opérations sont des manipulations minutieuses dont le succès devient douteux si le principal instrument n'est pas une main exercée, guidée par une intelligence attentive et soigneuse. Cependant, pour les ouvrages ordinaires, la dorure a déjà été rendue plus rapide et plus régulière par le moyen des plaques gravées et de l'estampage; le satinage, par sa compression puissante, épargne quelquefois le battage, travail délicat et souvent dangereux pour le livre; mais c'est à peu près là tout ce que la mécanique a fait pour la reliure. Est-ce là tout ce qu'elle peut faire? Non, sans doute. Ainsi, du moins, le pensent trois exposants: M. Pfeiffer, M. Richard et MM. Sauborn et Carter.

RELIURE.

Deux des principales opérations de la reliure, l'endossage et la rognure des gouttières, opérations confiées jusqu'à ce jour à la main seule de l'ouvrier, ont excité l'émulation de ces inventeurs. Rendre ces manipulations plus régulières, plus faciles et plus promptes, tel a été leur but. Pour réussir, il fallait joindre à l'art du mécanicien une connaissance parfaite de tous les détails, de tous les procédés de la reliure. Ces conditions se sont trouvées réunies dans les personnes qui ont entrepris ce perfectionnement. M. Pfeiffer est un habile relieur, M. Richard un libraire qui consacre ses loisirs à l'horlogerie. Quant à MM. Sauborn et Carter, leur machine prouve qu'ils étaient au niveau de leur tâche.

On sait que l'endossage a pour objet de donner au volume un dos arrondi et un peu plus épais que le corps du livre, de manière à former, avec cet excédant d'épaisseur, des rebords saillants d'une profondeur égale à l'épaisseur des cartons de la couverture, qui doivent venir s'appliquer le long de ces rebords, désignés sous le nom de *mors*.

Il faut donc : 1° encoller le dos, 2° l'arrondir, 3° y faire les mors, et enfin le consolider en y appliquant, à la colle forte, du papier, de la toile ou du parchemin, pour le maintenir dans sa courbe et empêcher les mors de se déformer. C'est à l'aide de petits coups de marteau que l'on fait prendre au dos sa forme arrondie, et qu'on forme les mors, en rabattant les bords du dos sur les arêtes de deux ais ferrés entre lesquels le volume est pressé.

Médailles de 2e classe.

MM. Sauborn et Carter, à Boston (États-Unis). — La machine de MM. Sauborn et Carter a réussi à abréger ce travail; mais elle n'est pas, comme son nom l'annonçait, une machine à endosser, elle ne fait que le mors; avant de lui être confié, le livre doit avoir le dos déjà encollé et arrondi au marteau.

Cette machine consiste principalement en une presse, ou plutôt un étau à longues mâchoires, soutenu par quatre pieds. Au-dessus de l'étau est un cylindre de fer. Ce cylindre se rapproche ou s'éloigne de l'étau au moyen de vis, et peut obéir à un mouvement de va-et-vient d'arrière en avant et d'avant en arrière que lui imprime une poignée verticale.

Quand le premier encollage du volume est sec, que le dos a reçu du marteau sa forme arrondie, le livre est placé dans l'étau, le dos dépassant au-dessus des mâchoires de toute sa hauteur, plus celle qu'on veut donner aux mors. Lorsqu'il est fortement serré, le cylindre en est rapproché par la vis, et l'ouvrier, saisissant la poignée, lui donne deux ou trois mouvements d'arrière en avant. La pression opérée par ce cylindre sur le dos du livre l'arrondit et, en même temps, écrase suffisamment les bords sur les arêtes des mâchoires, pour former des mors bien prononcés et bien nets.

A l'aide de la machine de MM. Sauborn et Carter, le travail est régulier, égal et rapide. Un seul homme peut produire autant d'ouvrage que trois hommes en exécutent avec le marteau.

M. Richard (n° 9340), libraire et horloger, à Châlon-sur-Saône (France). — Une autre opération très-difficile de la reliure est la rognure des gouttières. C'est elle que M. Richard a cherché à faciliter, tout en la perfectionnant. La gouttière est la tranche opposée au dos; elle doit offrir dans sa coupe une courbe concave, comme le dos en présente une convexe; et, pour que l'œil soit satisfait, il faut qu'il existe entre ces deux courbes un parallélisme exact.

Jusqu'ici on ne pouvait roguer qu'à l'aide de couteaux plats; et l'on n'obtenait la courbe voulue qu'au moyen de plusieurs opérations successives, longues et incertaines. On traçait sur la tranche la ligne qu'on voulait obtenir; et, par une manœuvre assez difficile à décrire et que les ouvriers désignent par le nom de *bercage*, on repoussait du côté du dos les bords des feuillets, jusqu'à ce que la ligne courbe que l'on venait de tracer fût devenue droite; on maintenait par la pression cette ligne droite, on rognait, et quand les feuillets, délivrés des entraves de la presse, revenaient sur eux-mêmes, les bords du côté de la tranche se trouvaient échelonnés de manière à produire la courbe qu'on avait désirée.

On comprend combien cette opération offre de difficultés et combien les résultats en doivent être souvent imparfaits. C'est cependant ce qui s'est fait de tout temps et ce qui se fait encore partout aujourd'hui.

C'est aux inconvénients nombreux de cette méthode que M. Richard a voulu porter remède; mais, pour faire apprécier les difficultés qu'il avait à vaincre, il est nécessaire de donner une idée de l'instrument en usage pour la rognure à couteau plat.

Cet instrument, nommé par les relieurs *fût à rogner*, est une espèce de rabot en bois, armé, dans sa partie inférieure, d'une lame étroite et longue, fixée à plat perpendiculairement à la longueur du fût et taillée en fer de lance à l'extrémité destinée à couper.

Le fût est composé de cinq pièces principales : deux jumelles parallèles, fortes bandes de bois d'environ 6 centimètres d'épaisseur, 12 de hauteur et 25 de longueur; deux clefs ou tringles bien équarries, traversant les jumelles, pour les maintenir dans un parallélisme exact; une vis, plus longue que les clefs, qui traverse aussi les deux jumelles, et présente une poignée à droite et un excédant de longueur dans le pas de vis à gauche. C'est cette vis dont le mouvement rapproche ou éloigne la jumelle droite portant le couteau, de la jumelle gauche destinée à guider la course de tout l'instrument.

Pour cet effet, la jumelle gauche glisse sur une tringle fixée sur la partie gauche de la presse à rogner.

Le livre étant serré dans la presse et la dépassant en saillie de toute la partie qu'il s'agit d'enlever, l'ouvrier prend la vis par les deux bouts, la poignée dans la main droite, il pousse le fût devant lui, et, à mesure que les rognures du papier tombent enlevées par le couteau, il fait avancer celui-ci sur le volume par un léger tour de vis.

Le problème que s'était proposé M. Richard était complexe : changer les résultats sans changer les habitudes des ouvriers, substituer une coupe concave à une coupe plane, en conservant, le plus possible, la forme et le maniement de l'outil en usage.

Dans ce but, l'inventeur a laissé à son fût deux jumelles et deux poignées, comme dans le fût ancien; l'instrument marche de même, poussé en avant par l'ouvrier. Le changement consiste dans le remplacement de la lame plate par deux lames courbes dont les pointes se regardent et se rapprochent graduellement l'une de l'autre, à mesure que le papier se rogne. C'est un double mouvement de haut en bas et du dehors au dedans, opéré au moyen d'une pression verticale sur les lames, pression qui ne peut avoir lieu qu'à l'aide d'engrenages, puisque la puissance qui la crée doit toujours être une poignée à vis tournée graduellement par la main du relieur.

Malgré cette complication inévitable, la difficulté a été heureusement vaincue, et lorsque le fût de M. Richard aura reçu de son auteur quelques simplifications et le mérite d'un prix à la portée de la généralité des ouvriers, l'usage pourra s'en propager, au grand avantage de la régularité et de la rapidité du travail.

M. Pfeiffer (n° 9336), à Paris (France). — Ce que M. Richard et M. Sauborn ont exécuté, M. Pfeiffer y est également parvenu, mais par des moyens différents.

Ses appareils n'ont pas de rapport avec ceux de ces exposants.

Une machine à rogner les livres, soit à tranche plane, soit à tranche concave, ainsi qu'une presse avec un outil nouveau pour l'endossage, ont été exposées par ce relieur mécanicien.

Au moyen de divers engrenages, M. Pfeiffer imprime, à une longue lame concave, un mouvement simultané de progression circulaire dans le sens de sa courbe et de marche alternative dans celui de sa longueur; à la faveur de ce double mouvement, le couteau rogne, sans la mâchurer, la tranche des volumes qui lui sont présentés horizontalement par un chariot, sur lequel des rebords formant équerre les retiennent dans des conditions invariables de régularité, que leur conserve la pression puissante de deux plateaux bien parallèles. Si l'on veut une rognure plane, l'appareil à couteau concave se recule pour faire place à l'appareil à lame plate qui, par un mouvement alternatif dans le sens de sa longueur, opère la rognure plane avec la même facilité et la même régularité que la rognure concave a été exécutée.

La monture de ces couteaux consiste dans une longue et forte règle de fer taillée en biseau et creusée dans son épaisseur d'une profonde rainure dans laquelle s'enchâsse une lame d'acier longue et étroite que des vis y maintiennent solidement fixée. Pour le couteau concave, la pensée est la même et la disposition ne diffère qu'en ce qu'exige la forme concave; le porte-lame en fer affecte, comme la lame, la courbe concave, et le tout, vu de profil, rappelle assez la forme d'une griffe de chat avec sa gaîne.

Ces montures permettent d'employer des lames d'acier bien plus légères, et par conséquent moins coûteuses.

Avec cette machine, la rognure plane peut se faire

à la fois sur un grand nombre de volumes superposés; la rognure concave ne peut s'opérer que sur des volumes d'égale épaisseur pouvant être contenus dans la longueur des mâchoires de la presse; elle ne peut, comme l'autre, avoir lieu sur des volumes superposés.

L'autre machine est une longue presse à pression latérale, où les livres doivent être placés de champ; l'espace compris entre les deux mâchoires est d'environ deux mètres, mais il est séparé dans sa longueur par une forte traverse ou mâchoire immobile de laquelle se rapproche chaque mâchoire extérieure au moyen d'une vis tournant dans une traverse à écrou à chaque extrémité de la machine. On peut ainsi, suivant le besoin, étendre ou restreindre le nombre des volumes sur lesquels on veut opérer; des ais en bois, ferrés sur une de leurs tranches, séparent les volumes et remplissent les vides quand on n'a que peu de livres à presser.

Cette machine peut servir à la pression ordinaire, à la pression pour dorure sur tranche et à celle qu'exige l'endossage.

Pour cette opération de l'endossage, M. Pfeiffer a imaginé un outil qui en abrége et en régularise l'exécution. C'est une grande molette à double poignée dont la tranche est creusée en une portion de cercle intérieurement striée de cannelures un peu aiguës, mais non tranchantes. Les dos, une fois passés à la colle forte et séchés, sont serrés dans la presse, séparés par les ais, la tranche ferrée de ceux-ci placée en haut. Comme dans la machine de M. Sauborn, les dos sont en saillie au-dessus des ais, d'une hauteur proportionnée à la profondeur qu'on veut donner aux mors. Alors l'ouvrier, tenant la molette par les deux poignées, la roule sur le dos de chaque volume, dans le sens de la longueur du dos, et, par cette opération répétée, le dos se trouve arrondi, labouré de stries parallèles aux cahiers et propre à recevoir la colle; les bords, écrasés contre les tranches ferrées des ais, forment des mors réguliers. Il faut au moins deux molettes de calibre différent pour obtenir ce résultat, la première moins profonde, la deuxième davantage.

Après cette opération, le dos est encollé, et une roue d'engrenage fait retourner toute la presse, le dos des volumes en dessous; un fond de fer placé au bas de la presse, et qui en fait partie, reçoit des charbons allumés, et le séchage s'opère ainsi aussi bien et mieux que devant le feu, comme on le fait ordinairement.

Disons aussi que, par un autre mécanisme assez simple, le fond de fer peut s'élever à volonté, pour servir de point d'appui aux volumes quand on les dispose pour la pression.

On voit par ces détails, tout incomplets qu'ils sont, que M. Pfeiffer a songé à tout, avec une exacte connaissance des besoins de la reliure et une grande habileté d'exécution.

Malheureusement le prix de ces machines compliquées en interdit l'usage aux petits ateliers et en restreint l'application aux grandes exploitations de reliure, où se confectionnent à la fois par centaine des volumes de même format et de même épaisseur. Le Jury croit de son devoir d'engager M. Pfeiffer à simplifier ses machines, à les diviser même en plusieurs instruments spéciaux, d'un prix modéré, qui permette à un maître relieur peu avancé d'acquérir celui de ces outils qui conviendrait davantage à la nature de ses travaux habituels.

Dans l'entraînement de leurs illusions, les inventeurs oublient trop souvent que le mérite des machines n'est pas seulement dans d'ingénieuses combinaisons, mais aussi dans des conditions de prix en rapport avec les résultats à obtenir, et avec les ressources pécuniaires de la majorité des ouvriers appelés à en faire usage.

SUPPLÉMENT

AUX DIVERSES SECTIONS DE LA XXVIE CLASSE.

Les récompenses suivantes, ayant été votées par le VIIe groupe dans une séance supplémentaire postérieure au dépôt de plusieurs des rapports, n'ont pu trouver place dans le travail des sections auxquelles elles appartenaient. Nous les réunissons ici comme annexes.

Médailles de 1re classe.

M. De La Garde de la Pailleterie, à Paris (France), pour son *Catalogotype*, ou moyen d'imprimer l'inventaire général de toutes les bibliothèques de France et de le transformer à volonté en répertoire alphabétique, en catalogue méthodique, chronologique, etc., et en catalogue particulier de chaque bibliothèque.

On regrette généralement que les bibliothèques publiques ne puissent mettre leurs catalogues à la disposition des lecteurs; ceux-ci y trouveraient d'utiles renseignements propres à les guider dans leurs études, et le service lui-même y gagnerait. Ne deviendrait-il pas en effet plus facile et plus prompt, si le long travail de la recherche dans les répertoires était épargné aux employés par le public lui-même, qui, en demandant un ouvrage, pourrait désigner en même temps le numéro indicatif de sa place?

C'est en partie dans cette pensée que la Bibliothèque impériale a entrepris à nouveau l'impression de son catalogue, dont les volumes publiés au siècle dernier ne représentent plus les richesses actuelles.

Mais quelque parfaite que puisse être cette œuvre colossale, quelque rapide qu'en soit l'exécution typographique, elle n'échappera pas au sort de tous les répertoires *méthodiques* de collections qui s'accroissent chaque jour; elle sera incomplète en même temps que terminée.

En effet, dès qu'un catalogue rangé méthodiquement est imprimé, ses alinéas ne peuvent s'ouvrir pour faire place à de nouveaux venus qui voudraient s'intercaler entre eux. Aussi voyons-nous que tous les catalogues méthodiques que l'on veut tenir au courant sont nécessairement écrits à la main et par bulletins séparés.

Le problème à résoudre était donc celui-ci : trouver le moyen de multiplier à volonté les exemplaires d'un catalogue, et en même temps de le tenir toujours au complet, en y insérant à leur place méthodique les titres nouveaux à mesure qu'ils arrivent.

Ce problème, M. De La Garde l'a résolu. Il a trouvé le moyen de joindre aux avantages de l'impression ceux de la mobilité des bulletins manuscrits.

C'est par la stéréotypie qu'il arrive à ce résultat; mais son invention ne consiste pas dans l'usage seul de la stéréotypie, elle est particulièrement dans la manière dont il en fait l'application.

Dans son système, chaque page, une fois stéréotypée, est divisée en autant de petits clichés qu'elle contient de titres[1].

[1] Voici la série des opérations recommandées par M. De La Garde: transcrire *in extenso* les titres des ouvrages, avec ou sans ordre, peu importe; les envoyer à l'impression dès que la vérification en

Cette idée, bien simple, est féconde en résultats heureux. Elle permet de commencer l'impression dès le premier jour et presque simultanément avec la transcription des titres, sans attendre la classification; d'opérer cette classification facilement, jour par jour; de la tenir toujours au courant; enfin elle gagne beaucoup de temps, en même temps qu'elle épargne à l'imprimeur la nécessité d'un immense matériel de caractères mobiles.

Pour mieux apprécier les avantages de ce système, supposons un instant qu'il ait été appliqué à l'impression du catalogue de la Bibliothèque impériale depuis 1838, époque de la première annuité accordée par les chambres pour ce travail.

En admettant que les copistes aient transcrit 300 titres par jour, c'était, au bout de l'année, à 300 jours de travail, 90,000 titres, et à la fin de la onzième année le chiffre total se serait trouvé environ de 1,000,000 de titres, nombre auquel on évalue approximativement la totalité des ouvrages de notre vaste dépôt.

Or, comme l'impression et le clichage pouvaient, grâce au système dont nous nous occupons, marcher en même temps que la transcription, les travaux de classification n'arrêtant plus, puisqu'ils ne doivent avoir lieu qu'après l'impression, la totalité des livres de la Bibliothèque se fût trouvée inventoriée dès 1849, et cet inventaire imprimé et cliché à la même époque.

a été faite. Une fois la composition et la correction typographique d'une feuille terminées, imposer cette feuille et la tirer au nombre désiré. Ce premier tirage est l'inventaire type numéroté article par article, et auquel se rapporteront tous les travaux subséquents.

Après ce tirage, stéréotyper et partager à la scie la feuille clichée en autant de petits clichés qu'elle contient de titres différents.

Ces clichés séparés sont alors réimposés en format in-32, un titre seul pour chaque page. Le tirage est fait de suite d'un seul côté, et sur papier fort, et le découpage de ces bulletins permet d'en faire autant de catalogues méthodiques qu'il en sera besoin.

Nous omettons les détails, cette explication suffisant pour faire comprendre la pensée du projet.

De plus, en opérant, jour par jour, la classification des bulletins, tirés de grandeur uniforme au moyen d'une réimposition des clichés séparés, le catalogue méthodique et le répertoire alphabétique étaient terminés en même temps que l'inventaire, et en aussi grand nombre d'exemplaires que pouvait le demander l'intérêt du service.

Mais ce n'est pas encore là que s'arrêtait pour la Bibliothèque l'utilité de ce nouveau mode d'impression. Une troisième classification des bulletins, qui eût représenté l'ordre des livres sur les tablettes, rendait facile et prompte une opération de première nécessité pour la conservation d'un dépôt aussi précieux, celle du récolement des livres, récolement qui seul peut éclairer sur les pertes ou les déplacements d'ouvrages, et que l'accroissement des richesses de la rue de Richelieu n'a pas permis d'exécuter depuis plus de cent cinquante ans[1].

Jusqu'ici nous n'avons parlé que des services qu'aurait pu rendre à la Bibliothèque impériale le procédé de M. De La Garde. Mais, une fois exécuté pour ce grand dépôt, il offrait des avantages généraux inappréciables.

On ne peut douter, en effet, que le catalogue de la rue de Richelieu n'eût contenu la plus grande partie des ouvrages possédés par les autres bibliothèques publiques de Paris et de nos départements. C'était donc la source d'où pouvaient sortir, en bulletins tout imprimés, les catalogues de ces bibliothèques. Or, l'impression de ces catalogues n'eût coûté aux départements qu'une dépense légère, celle du papier et du tirage; les frais de transcription et de composition ty-

[1] Le système de M. De La Garde permet d'intercaler dans les casiers les bulletins imprimés, comme on le fait dans les catalogues manuscrits, et cela en même temps que les intercalations de livres sur les rayons.

pographique étant déjà supportés par la première opération. Un catalogue de 50,000 articles serait donc revenu à 500 francs au plus, le dixième du prix d'une simple copie des titres.

En ajoutant à l'inventaire primitif le petit nombre d'ouvrages possédés par ces divers dépôts littéraires et non compris dans la Bibliothèque impériale, on eût recueilli en peu d'années le répertoire général de toutes les richesses littéraires de la France, et, de là, à une bibliographie universelle il n'y avait qu'un pas : il suffisait d'inviter les bibliothèques étrangères à participer à cette œuvre aussi utile au progrès des sciences et de la littérature que facile à accomplir par ce procédé.

Les particuliers y eussent trouvé également une ressource précieuse. Ils pouvaient se procurer ainsi, tout imprimés sur bulletins séparés, leurs propres catalogues ou des séries spéciales, et cela pour un centime par titre.

On comprend combien d'applications utiles fussent sorties de cette source inépuisable de combinaisons bibliographiques.

Il a été élevé contre ce système trois objections capitales: la dépense des clichés, le local nécessaire pour les placer, la difficulté d'exécution.

L'auteur a répondu victorieusement aux deux premières; quant à la troisième, ce sont les États-Unis qui se sont chargés de la réponse. Ils ont mis son projet à exécution. Bien, est-il vrai, qu'il en a coûté à M. De La Garde la propriété de son invention, que le bibliothécaire de l'institut Smithsonien, de Boston, M. Jewett s'est fait adjuger, en 1853, à New-York, par le congrès des bibliothécaires américains, à l'aide de cet admirable argument[1] : *celui qui conduit une découverte*

[1] Voir le *Norton's literary Gazette*, New-York, 15 octobre 1853.

à son heureuse application est le SEUL *qui ait droit de s'en dire inventeur.*

Mais M. De La Garde se console facilement de cette décision, par le plaisir de voir son projet mis à exécution. Il doit s'en reposer aussi sur la justice publique; elle ne peut manquer de casser l'arrêt américain. Les dates qui séparent les deux inventeurs sont trop éloignées pour qu'il y ait doute, et entre M. Jewett, qui a proposé son plan en 1851, et M. De La Garde, dont, le 2 octobre 1845, le n° 2 du journal *l'Époque* exposait le projet, et le faisait connaître au monde entier par un tirage de 300,000 exemplaires, il ne peut rester aucune hésitation sur le droit de priorité [1].

Le Jury, appréciant les avantages du système d'impression des catalogues désigné par son auteur sous la dénomination de *Catalogotype*, décerne la médaille de 1re classe à M. De La Garde.

M. ÉMILE BEAU (n° 9041), à Paris (France). — Dans les planches d'anatomie et d'histoire naturelle dessinées en lithographie et en chromo-lithographie par cet artiste, le Jury a retrouvé réunies et la fidélité qu'exige la science et les qualités artistiques qui ont valu à M. É. Beau une haute récompense à l'Exposition des beaux-arts.

M. GUICHARD (n° 8082), à Paris (France). — Habile dessinateur, M. Guichard avait exposé de beaux décors de papier de tenture, mais il ne se présentait pas avec ce seul mérite. Il a inventé une matière laineuse propre à faire le papier tontisse et qui, étant tirée de la fibre du bois, ne craint pas, comme la laine, les vers qui attaquent les poils des animaux.

[1] Des factures de l'imprimeur M. Paul Dupont prouvent que, dès 1839, l'inventeur français avait déjà fait exécuter des clichés comme spécimen de son système.

Médailles de 2e classe.

M. Moussard, Paris (France), pour ses dessins industriels.

M. Marius Vidal, pour ses dessins de broderie.

M. Nissou (n° 8886), lithographe, Paris (France), pour ses étiquettes et ses impressions de luxe, or et couleur.

M. Richardin, sourd-muet, à Paris (France), pour sa machine à polir les plaques de daguerréotypes, construite sur le principe de l'appareil dit *machine carrée*.

M. Cotelle (n° 8129), à Paris (France), pour ses chemins de la croix et autres bas-reliefs religieux en matières plastiques.

M. Rouget de Lisle, à Paris (France). — Pendant longtemps l'Allemagne a conservé le monopole des dessins de broderie et de tapisserie; aujourd'hui la France partage avec elle cette industrie. C'est au bon goût et à la parfaite exécution des dessins publiés par les éditeurs français, mais c'est avant tout au zèle et aux travaux persévérants de M. Rouget de Lisle que nous devons cette conquête commerciale. Le premier il a conçu la pensée de doter la France de cette industrie; le premier il a ouvert la voie, et depuis vingt ans il s'est dévoué avec une active constance à populariser les travaux de tapisserie. La composition des dessins, leur gravure, leur impression, leur coloriage, la teinture des laines, l'harmonie des couleurs, la construction de petits métiers à la main de haute et de basse lisse, il a tout étudié, tout perfectionné, et si, après avoir, à ses frais, défriché le terrain et répandu la semence, ce n'est pas lui peut-être qui a recueilli les fruits, il peut au moins avoir la conscience d'avoir été utile à son pays en procurant aux femmes qui vivent de leur aiguille un travail facile et profitable, comme une occupation agréable aux dames des classes aisées de la société.

Il serait trop long d'énumérer tous les essais qu'il a faits, toutes les inventions qui lui sont dues, tous les perfectionnements qu'il a introduits dans l'art de la tapisserie à la main; depuis 1839 le *Bulletin de la Société d'encouragement* n'a cessé d'enregistrer avec éloge ses travaux aussi divers que nombreux et ses utiles publications. Pour ces dernières nous pouvons citer la *Chromographie* ou l'art de composer les dessins et d'imiter économiquement la tapisserie des Gobelins, une *Table chromatique* de deux cents tons dégradés, d'après les théories de M. Chevreul, un *Album d'ouvrages de dames*, deux autres recueils de même nature sous le titre : l'un d'*Encyclopédie*, l'autre d'*Académie des dames*. N'oublions pas non plus qu'il est le premier qui soit parvenu à substituer le zinc à la pierre dans l'impression des dessins de broderie et de tapisserie.

Le Jury reconnaissant les services que M. Rouget de Lisle a rendus à l'industrie par ses dessins, ses publications et ses autres travaux, lui a décerné une médaille de 2e classe.

M. Charles Cavigioli (n° 12), Turin (Sardaigne), pour ses clichés de gravures en relief moulés en bronze par des procédés qui lui sont propres. L'emploi du bronze pour cet usage peut présenter de grands avantages principalement sous le rapport de la durée des clichés. Le Jury croit devoir encourager les essais de M. Cavigioli, et l'engage à persévérer dans ses efforts pour rendre pratique un procédé utile aux arts.

Mentions honorables.

M. Saillard pharmacien, à Nantes (France), pour ses épreuves négatives photographiques sur verre collodionné.

M. P. Lhubier (n° 2902), à Bolbec (France), pour

ses papiers, ses toiles et ses cartons préparés pour la peinture au pastel.

M. Guilletat, pour ses dessins industriels.

M. Percepied-Maisonneuve (n° 9219), à Saint-Nectaire (France), pour ses belles incrustations obtenues du dépôt calcaire des sources de Saint-Nectaire, et dont la finesse du grain permet des applications artistiques.

M. Pantorski (n° 754 B.), à Zlatno, Hongrie (Autriche), pour des médailles en verre coulé et pour ses autres produits hyaloplastiques.

M. Dies (n° 57), à Rome (États-Pontificaux), pour ses copies en petit de colonnes et sculptures antiques.

MM. Lehman et Mohr (n° 1286), à Berlin (Prusse), pour leurs planches stéréotypes obtenues par la galvanoplastie. Leurs moules sont en gomme laque comme quelques-uns de l'Imprimerie impériale d'Autriche.

M. Didier, libraire-éditeur, à Paris (France). Par ses publications de littérature sérieuse contemporaine et d'ouvrages d'éducation, M. Didier s'est placé au rang de ces éditeurs consciencieux qui luttent avec courage contre les fausses tendances de la librairie moderne. Dans ses livres illustrés, il n'est pas au-dessous de ses confrères qui se livrent à ce genre, aujourd'hui si perfectionné. C'est lui qui, le premier, a appliqué la galvanoplastie à la stéréotypie d'un texte. Son *Petit dictionnaire des dictionnaires français*, volume in-32, de près de 500 pages, caractère 5 points, avait été exécuté par ce procédé, et se faisait remarquer par la pureté du clichage.

M. Plancher (n° 10444), à Paris (France), pour ses tampons destinés à l'impression des timbres, cachets, etc.

Serges, à Paris (France), doreur sur cuir.

COOPÉRATEURS.

Médailles de 1re classe.

M. Lemercier, à Paris (France), contre-maître des ateliers de l'imprimerie lithographique de M. Lemercier.

M. Langlois, à Paris (France), contre-maître des mêmes ateliers.

M. Ch. Mathieu, à Paris (France), artiste dessinateur pour la lithographie.

M. Hoeckner, à Vienne (Autriche), artiste dessinateur et graveur chez M. Förster.

Médailles de 2e classe.

M. Boysse, à Paris (France), imprimeur en taille-douce chez M. Goupil et Cie.

M. Jean Perret, à Mulhouse (France), graveur pour étoffes chez M. Kœchlin.

Mme Adrien Gavard, née Louise Bareth, à Paris (France), pour la supériorité de ses réductions au pantographe et au diagraphe.

M. W. Wick, à Munich (Bavière), imprimeur en taille-douce chez M. Schormayer.

Mentions honorables.

M. Lepipée, au Mans (France), imprimeur-lithographe chez M. Monnoyer.

M. Etcheverry, à Paris (France), imprimeur-lithographe chez M. Carle.

M. Mathieu, à Paris (France), dessinateur de machines chez M. Armengaud.

M. Mathieu, à Moulins (France), dessinateur lithographe chez M. Desroziers.

M. Ferrault, au Mans (France), compositeur typographe chez M. Monnoyer.

M. Louis Mauclair, au Mans (France), ouvrier typographe chez M. Monnoyer.

TABLE DES EXPOSANTS,

INVENTEURS, ARTISTES ET AUTEURS CITÉS.

ABRÉVIATIONS : G. O., grande médaille d'honneur. — O., méd. d'honneur. — A., méd. de 1re classe. — B., méd. de 2e classe. — M., mention hon. — *, exposants étrangers.

TABLE DES MATIÈRES.

FIN DE LA TABLE DES MATIÈRES.

www.ingramcontent.com/pod-product-compliance
Ingram Content Group UK Ltd.
Pitfield, Milton Keynes, MK11 3LW, UK
UKHW022055260726
13993UKWH00001B/128